Harry Mulisch – Strafsache 40/61

Harry Mulisch: geb. 1927. Lebt als freier Schriftsteller in Amsterdam. Wurde 1957 mit dem Anne-Frank-Preis, 1977 mit dem niederländischen Staatspreis ausgezeichnet. Zahlreiche Veröffentlichungen von Romanen, Erzählbänden, Theaterstücken, Essaybüchern. Sein letzter Roman: »Das Attentat«, dtsch. München 1986. »Strafsache 40/61« erschien 1963 im Verlag DuMont Schauberg, Köln.
Mit freundlicher Genehmigung des Hanser-Verlags.

Edition
TIAMAT
Herausgeber:
Klaus Bittermann
1. Auflage: Berlin, September 1987

Grimmstr.26 – 1000 Berlin 61
Satz: Gegensatz Berlin
Druck: Schwarzdruck Berlin
Umschlagentwurf unter Verwendung einer Zeichnung eines
Arcimboldo-Nachahmers
ISBN: 3-923118-31-7

Harry Mulisch

Strafsache 40/61

Eine Reportage über den Eichmann-Prozeß

Aus dem Holländischen übersetzt von
Johannes Piron

Critica
Diabolis
16

Edition
TIAMAT

INHALT

Unter der Nummer »40/61« wurde die Prozeßakte des Falles Eichmann beim Landgericht von Jerusalem geführt. Für mich war die Beobachtung des Prozesses eine Erfahrung, die mich verwandelt hat. Nach dieser Erfahrung tritt ein anderer hervor, teilweise auch mit anderen Gedanken als zu Beginn. Indem ich ohne Vorurteil und ohne vorgefertigte Meinung den Prozeß gegen Eichmann verfolgte, entstand über die ursprünglich geplante Reportage hinaus eine Charakterstudie Eichmanns, in der das Wesen des Faschismus, der vor allem durch Leute wie Eichmann so perfekt funktionierte, hervortritt und im Gegensatz steht zu allen Abhandlungen, die Eichmann zum skrupellosen Gewaltverbrecher stempeln.

Die vorliegende Reportage wurde als Artikelserie in der holländischen Zeitschrift »Elseviers Weekblad« veröffentlicht. Für die anschließende Buchausgabe wurde nichts im nachhinein geradegefeilt. Nur in den Tagebuchnotizen wurden einige Nachlässigkeiten verbessert, sowie hier und da eine kleine Passage eingefügt.

Das Urteil und die Vollstreckung

26. 3. 1961

Solange die historische Menschheit existiert, hat die Figur des einsamen Mannes ihre Rolle gespielt: Auge in Auge mit seiner Vernichtung stehend, die durch einen die Gemeinschaft vertretenden Rat von Männern ausgesprochen wird. Wir Menschen, die wir alle so oder so an unserem eigenen Tod zweifeln, das heißt an der Wirklichkeit, begegnen im *Prozeß* dem unbarmherzigsten Bild von der Existenz dieser Wirklichkeit.

Manchmal ist ein solcher Prozeß unvergeßlich, weil er symbolische Bedeutung besitzt und unsere Sympathien einhellig dem Angeklagten gelten. Das ist der Fall bei Sokrates' Prozeß, Athen, im 5. Jahrhundert vor Christus. Manchmal verändert ein solcher Prozeß das Gesicht der Menschheit, wie es der Fall war beim Prozeß Jesu, Jerusalem, um 30 nach Christus. Weil die Verurteilung eines Unschuldigen hierbei in dem Auftrag, »die Schrift zu erfüllen«, enthalten war, sind die möglichen Einstellungen dazu nicht mehr zwischenmenschlicher Art. Manchmal erinnert man sich an einen solchen Prozeß, weil er eine so mitleiderweckende, schmutzige Angelegenheit war wie der Prozeß der Jeanne d'Arc, Rouen 1431. Manchmal ist ein solcher Prozeß das Anzeichen unabsehbarer politischer Umwälzungen wie der Prozeß Ludwig XVI., Paris 1793. Hierbei kann man noch verschiedener Meinung sein, welcher Seite die Sympathie gelten soll. Aber noch niemals in der Weltgeschichte ist die Menschheit so übereinstimmend und bar jeglicher Sympathie ausgezogen, um einen einzigen Mann zu vernichten wie im Fall Adolf Eichmann, Jerusalem 1961.

Die Frage erhebt sich, warum die Nürnberger Prozesse nicht in diese Reihe gehören. Wurden dort nicht Leute gerichtet, die sogar unmittelbarer und in noch größerem Maße schuldig waren als

Eichmann? Man kann vorbringen, daß 1946 niemand mehr etwas vom Krieg hören wollte, die Schurken sollten möglichst schnell gehängt werden und damit basta; auch konnte man damals gewisse Tatsachen kaum glauben – wie etwa den grauenhaften Augenzeugenbericht über Gaskammern des SS-Manns Kurt Gerstein, der ihn 1942, übrigens recht erfolglos, nach Schweden und zum Vatikan weiterleitete. Dem steht gegenüber, daß 1961 der Krieg modern geworden ist: Kriegsromane stehen an der Spitze der Bestseller, Dokumentarfilme füllen auf der ganzen Welt die Häuser, eine neue Generation ist herangewachsen, die aus allerlei edlen und zweifelhaften Gründen alles wissen will. Trotzdem kann das überwältigende Interesse für den Eichmannprozeß nicht nur durch den Abstand begriffen werden, den wir jetzt dem Krieg gegenüber gewonnen haben. Die wichtigste Ursache ist zweifellos die, daß in Jerusalem ein einziger Mann vor seinen Richtern steht, während es sich in Nürnberg um eine Gruppe von zwanzig handelte, das heißt, Gruppe gegen Gruppe, was etwas anderes ist als alle gegen einen.

Alle gegen einen – das ist ein Prozeß, das ist Wirklichkeit. Die Unschuldigen, Sokrates und Jesu, hatten keinen Prozeß nötig, um zur Wirklichkeitserkenntnis zu gelangen: Sie waren mehr Wirklichkeit als ihre Richter, sie starben als Richter ihrer Richter. Die blutige Streiterin Jeanne d'Arc ging selig in ihren »Stimmen« auf, die sich in Flammen des Scheiterhaufens verwandelten. Der geköpfte Bürger Louis Capet ist als Person zu unbedeutend, um in diesem Zusammenhang näher auf ihn einzugehen; übrigens machen Dantons aufschlußreiche Worte dies überflüssig: »Wir wollen den König nicht verurteilen, wir wollen ihn umbringen.« Wer jedoch des Mordes oder des millionenfachen Mordes schuldig ist, tat dies, weil er nur sich selber Wirklichkeit war, weil er an der Wirklichkeit zweifelte. Ihm wird eine Lehre erteilt durch einen Prozeß, bei dem die Wirklichkeit sich selbst offenbart, indem sie zurückschlägt. (In diesem Fall wird die Wirklichkeit zudem von denselben Juden dargestellt, für die er eine ungeheure Wirklichkeit war.)

Eichmann wußte nicht nur nicht, was er tat, als er seine Opfer zu Hunderttausenden in die Gaskammern transportierte, er wußte in gewissem Sinne sogar nicht, *daß* er es tat. Ich spreche hier nicht von »Zurechnungsfähigkeit« oder derartigem – das sind kleine Begriffe für kleine Richter bei kleinen Verbrechern. Nein, wer das tat, was Eichmann tat, ist weniger verschieden von uns, als dem Leben auf Erden heilloser entfremdet – und vor allem dem Tod auf Erden. Die Chinesen bestraften den Hoang Ho, wenn er über die Ufer trat und Tausende von Menschen tötete. Der Unterschied zwischen dem Hoang Ho und Eichmann besteht darin, daß wir ihn in einem Prozeß für schuldig erklären.

Es wäre zweifellos eine Beruhigung für die Menschheit, wenn dieser Angeklagte Reue verspüren würde. Aber er hat gesagt, daß er lachend ins Grab springen wird, wissend, daß er fünf Millionen Juden auf dem Gewissen hat. Er sagte: Reue ist für Kinder. Nun kann man natürlich auf solche Aussprüche ausschließlich entrüstet reagieren; man kann aber auch versuchen, sie als Schlüssel zu einem der zahllosen Schlösser zu gebrauchen, hinter denen sich dieser Mann hermetisch versteckt. Und dann muß man zu dem Schluß kommen, daß hier ein heillos Unwirklicher, ein sich selbst Entfremdeter, am Wort ist. Vielleicht ist die Reue eines Menschen tatsächlich unzureichend, um den Untergang von Millionen zu umfassen. Wenn er behauptet hätte, Reue zu verspüren, hätte es den sentimentalen Teil der Menschheit zweifellos mit Zufriedenheit erfüllt; aber für die Toten und Überlebenden wäre es beleidigender gewesen. Seine Taten liegen jenseits von Reue, Gewissensbissen und Schuldgefühl, sie stehen in keinerlei Zusammenhang mit irgendeinem Wort oder Begriff. Schuldig kann dieser Umnachtete erst durch ein Urteil werden. Vielleicht kann seine erstarrte Seele dadurch gleichzeitig wieder in Fluß geraten. Möglicherweise wird er es als Erlösung empfinden. Als er am 11. Mai 1960 in Buenos Aires verhaftet wurde, zeigte er Zeichen der Erleichterung.

In dieser Hinsicht ergeht es ihm besser als den Piloten der *Enola Gay*, die die Atombombe auf Hiroshima warfen. Bei ihrer Rückkehr hatten sie sich zu Helden bombardiert; der eine trat unverzüglich in ein Kloster ein, der andere, Claude Eatherly, kam fortan regelmäßig wegen kleiner Vergehen wie Warendiebstahl mit dem Gesetz in Konflikt. Aber dieser oder jener Staatspsychiater legte natürlich immer wieder dar, daß der Mann ausschließlich aus Strafverlangen stahl: Er war ja der Mann von Hiroshima. Und dann wurde die Sache eingestellt, er entging der öffentlichen Strafe, nach der er sich sehnte. 1959 wurde er in eine Nervenheilanstalt eingeliefert. In den letzten Berichten heißt es, daß er daraus geflohen ist – selbstverständlich, weil es keine Strafe war.

(Am 12. Juni 1961 wurde Eatherly wieder verhaftet, im August entfloh er zum zweiten Male). Wenn Amerika etwas für seinen großen Sohn hätte tun wollen, dann wäre es folgendes gewesen: lebenslängliches Zuchthaus. Eichmann hat das Glück, daß er nicht zu den Siegern, sondern zu den Besiegten gehört. Er ist kein Kriegsheld, sondern ein Kriegsverbrecher. Er kann schuldig werden. Seine Taten werden in seinem Prozeß in Zusammenhang mit der Wirklichkeit gebracht werden: seinem Tod. Einen größeren Dienst kann man ihm nicht erweisen. Er selbst hat dies begriffen, als seine Entführer ihn in Argentinien vor die Wahl stellten: nach Israel zu einem Prozeß mitzukommen oder Hinrichtung auf der Stelle. Andererseits soll es keinen verdrießen, wie es augenblicklich in mancher guten Stube geschieht, daß er nur einen Tod und keine sechs Millionen Tode erleiden kann. Der Tod läßt sich nicht berechnen. Sechs Millionen mal null bleibt null. Sein Todesurteil wird gerecht sein. Es braucht nicht einmal durch eine Vollstreckung beschleunigt zu werden.

Das Urteil ist für Eichmann – seine Hinrichtung für uns bestimmt. Wir werden das Gefühl haben, daß etwas geschehen ist, daß etwas geschehen kann. Daß Recht geschehen kann. Aber der Mensch kann kein Recht tun. Der Mensch kann nur morden: auch wenn dies nach einem Todesurteil in Form einer Hinrichtung geschieht. Recht kann nur *gesprochen* werden. Der Richter und der Henker sind zwei verschiedene Personen. Ein Richter, der sein Urteil selbst vollstreckt, wäre eine unbeschreiblich barbarische Einrichtung. Als voriges Jahr die Nachricht eintraf, daß Eichmann verhaftet worden ist, haben sich zahllose Leute angeboten, ihn zu töten; aber als bekannt wurde, daß er in einem Prozeß verurteilt werden sollte und das Töten an sich also keine Richter- sondern eine Henkersarbeit sein würde, fiel es den israelischen Behörden schwer, jemanden für die Henkersarbeit zu finden.

Der Richter weiß, was er sagt. Der Henker dagegen, der eventuell Eichmann hängen wird, ist jemand wie er: er weiß nicht, was er tut, weil diese Tat nicht gewußt werden kann. Der Tod entzieht sich uns in allen Formen, abgesehen von unserem eigenen Tod – darum ist der griechische Giftbecher, der erzwungene Selbstmord, vielleicht die reinste Form der Todesstrafe. Und mit dieser Erkenntnis müssen wir später den Henker seine schmutzige Arbeit erledigen lassen (*falls* er sie tun muß): mit der Erkenntnis, daß es nicht für Eichmann und nicht für seine Opfer, sondern für uns Überlebende geschieht.

Es ist einer der phantastischsten Salti mortali der Weltgeschichte, daß dieser Prozeß in Jerusalem stattfinden wird. In eben dieser Stadt wurde ein Mann verurteilt, über den es geheimnisvoll heißt, daß er »die Sünden der Menschheit auf sich genommen« hat. Jetzt wird dort ein Mann gerichtet werden, der sie fast wirklich begangen haben sollte. Auch dazu ist keine zwischenmenschliche Beziehung möglich – und tatsächlich widerhallt aus zahllosen Büchern und Artikeln, die bereits über den Fall Eichmann veröffentlicht wurden, ein unmißverständlicher halbreligiöser Ton. Das Böse ist lokalisiert worden! Das Schlechte in Menschengestalt: der Teufel Eichmann! Aber wir können nicht an Eichmann *glauben.* Wie verkappt und gutgemeint sie auch dargestellt sein mögen, solche Antichrist-Phantasien bedeuten einen Betrug, der von keiner Seite hingenommen werden darf.

Von den Verbrechen, die in Hitlers Machtbereich begangen wurden, behaupten die Neonazis (nicht Eichmann): Es sind Lügen. Die Deutschen behaupten: Es waren die Nazis. Die Europäer behaupten: Es waren die Deutschen. Die Amerikaner behaupten: Es waren die Europäer. Die Asiaten und Afrikaner behaupten: Es waren die Weißen. Und einmal wird man sagen: Es waren die Menschen. Niemals dürfen wir jedoch sagen: Es war Eichmann.

In vierzehn Tagen ziehen wir aus allen Teilen der Welt nach Jerusalem – wie mittelalterliche Aussätzige, die gehört haben, daß irgendwo eine Quelle entsprungen ist, die alle Leiden heilt. Dort werden wir die Seite der Geschichte schreiben, von der der Reichsführer SS und Chef der deutschen Polizei am 4. Oktober 1943 zu hohen SS-Offizieren gesagt hat: »Von Euch werden die meisten wissen, was es heißt, wenn 100 Leichen beisammenliegen, wenn 500 daliegen oder wenn 1000 daliegen. Dies durchgehalten zu haben und dabei – abgesehen von Ausnahmen menschlicher Schwächen – anständig geblieben zu sein, das hat uns hart gemacht. Dies ist ein niemals geschriebenes und niemals zu schreibendes Ruhmesblatt unserer Geschichte.«

Wir werden sie schreiben, vermutlich eine Leiche liegen lassen und immer noch aussätzig zurückkehren. Nicht zuletzt werde ich über *diesen* Prozeß Bericht erstatten, über uns selber, über diejenigen, die ihn lesen.

Eichmanns zwei Gesichter

26. 3. 1961

Ehe wir auf Eichmanns Leben bis 1938, dem Jahr, da er nach Wien geschickt wurde, und sein Schicksal nach 1945 – die sieben Jahre dazwischen werden in Jerusalem zur Sprache kommen – eingehen möchten, haben wir Zeit, sein Gesicht gründlich in uns aufzunehmen. Ein kleiner Trick soll uns dabei helfen.

Abbildung 1 ist ein Photo von Eichmann, das am 8. Juni 1960, kurz nach seiner Entführung nach Israel, aufgenommen wurde. Die Abbildungen 2 und 3 sind Porträts von Männern, die es nie gegeben hat und die es nie geben wird. Sie sind geboren worden, indem man Eichmanns Bild senkrecht halbiert und jede Hälfte durch ihr eigenes Spiegelbild ergänzt hat.

Die erste Reaktion auf Abbildung 3 ist: da haben wir den echten Eichmann, die barbarische, verzerrte Fratze des Massenmörders. Abbildung 2 ist dagegen sehr menschlich: ein ruhiges Gesicht, ernste Augen, um den Mund ein leises Lächeln. Wenn man aber die beiden Aufnahmen etwas länger betrachtet, so beginnt man an dieser einfachen Lösung zu zweifeln. Erst müssen einige technische Verbesserungen angestellt werden.

Das Licht auf Eichmanns Bild kommt von links oben und rechts hinten. Das Ergebnis davon ist, daß die Schattenpartien auf der rechten Gesichtshälfte auf Abbildung 3, wo das Licht vorwiegend von hinten nach oben zu kommen scheint, samt allen fatalen Folgen, doppelt wiederkehren. Auch ist der Hintergrund völlig schwarz geworden. Abbildung 2 badet sich durch analoge Ursachen in einer Art Sonnenschein vor einem hellen Hintergrund.

Daß Abbildung 3 einen wesentlich kleineren Kopf zeigt als Abbildung 2, richtet die Aufmerksamkeit auf die eingefallene, verschobene rechte Gesichtshälfte Eichmanns. Als er voriges Jahr

1

2

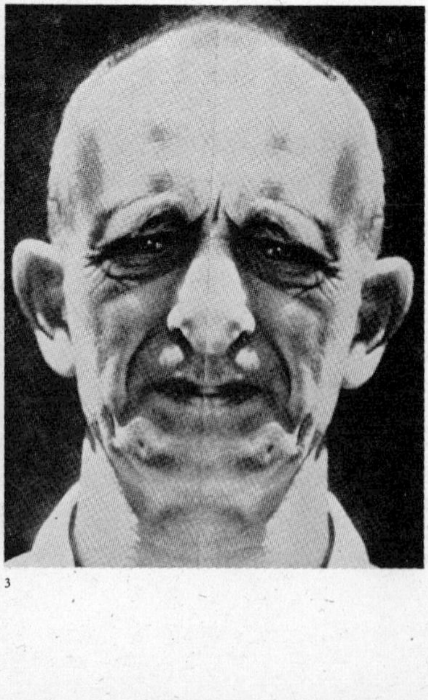

3

in Buenos Aires von israelischen Agenten auf der Straße entführt wurde, brachten sie ihn erst in ein Haus außerhalb der Stadt, wo sie ihn entkleideten und 1. das SS-Kennzeichen unter seiner linken Achsel kontrollierten (es befand sich dort eine Narbe: er hatte versucht, die Tätowierung eigenhändig mit einem Messer zu entfernen), 2. ihm eine SS-Mütze aufsetzten und ihn mit einem Photo verglichen, 3. auf Grund eines alten Röntgenbildes einen Schlüsselbein- und einen Schädelbruch feststellten. (Erst danach sprachen sie das erste Wort: »Sie sind Adolf Eichmann«.) Ich nehme an, daß es der Schädelbruch ist, der den Kopf auf Abbildung 3 so klein macht. Außerdem kehrt darauf das rechte Schlappohr häßlich verdoppelt zurück. Der nach rechts verzogene Mund, das eingefallene rechte Auge, alles tritt unbarmherzig zum Vorschein.

Doch nun die Frage: Wer sieht Eichmann ähnlicher, 2 oder 3? Meines Erachtens kann kein Zweifel bestehen, daß dies Abbildung 2 ist. Dagegen regen sich jetzt Zweifel an der Theorie, daß 2 der Mensch, 3 das Tier sein soll. Haben moderne Mörder wirklich solche schreckenerweckenden Gesichter? Da fällt mir etwas ein. 1956 besuchte ich das Konzentrationslager Buchenwald bei Weimar. Die vom Typhus verseuchten Baracken waren kurz nach dem Krieg in Brand gesteckt worden, aber die Hauptgebäude standen noch: das eiserne Gittertor, in das zierlich die Worte JEDEM DAS SEINE geschmiedet waren, die Strafzellen, das Gebäude mit der Genickschußeinrichtung (ein rotgestrichenes kleines Zimmer, in dem man »gemessen« wurde: sobald die Meßlatte auf den Scheitel geschoben war, wurde durch einen Spalt in der Mauer der Revolver genau aufs Genick gerichtet, während Lautsprecher fröhliche Musik über das Lager ausspien, um die Schüsse zu übertönen), der Betonkeller mit Dutzenden von Haken an den Wänden, an die sich die Gefangenen gegenseitig hängen mußten; der Boden war wie in Badezimmern an den Wänden leicht nach oben gerundet: wegen des Bluts; ein eiserner Aufzug führte direkt zum Krematorium. Der Mann, der mich herumführte, begleitete mich nicht in den Keller. Obwohl er schon seit elf Jahren Kustos im Lager war, wartete er draußen. Er glich verblüffend Abbildung 3. Nur daß zudem seine Nase zusammengeschlagen war. Er war kein Lagerschinder, sondern einer der ältesten Gefangenen: bei der Gründung von Buchenwald im Jahre 1938 war er als Kommunist hingebracht worden. Er hatte alles mitgemacht.

Darum glaube ich, daß wir der Wahrheit näherkommen, wenn wir in Abbildung 3 den *Zeugen* sehen. Abbildung 3 ist das Gesicht, das sieht, was der Mann auf Abbildung 2 tut. Abbildung 2 ist das glatte, unbewegliche, mitleidlose Gesicht des Mörders. Abbildung 3 ist das Gesicht, das vor Abscheu verzerrt zusieht. Oder anders ausgedrückt: wenn Abbildung 2 Eichmann sein soll, so ist Abbildung 3 das Gesicht der Welt, das ihm bei der Arbeit zuschaut. Doch wir wollen zu Eichmanns wirklichem Gesicht zurückkehren: die rechte Hälfte ist der Teil, wo seine Taten auf ihn eingewirkt haben, die linke Hälfte, die Seite des Herzens, ist der Teil, der sie begangen hat.

Wäre Abbildung 2 Eichmanns Gesicht gewesen, so hätte man in Argentinien kurzen Prozeß mit ihm machen und ihn einfach abknallen können. Da es nun aber auch die andere Gesichtshälfte gibt, verkörpert im gepeinigten Grausen der Abbildung 3, werde *ich* nicht sobald den tausendsten Stein werfen. Dies ist das rätselhafte Gesicht des Mannes, der 1939 einen Befehl erließ, in dem alle, die das Grab von Theodor Herzl in Wien schänden würden, mit schweren Strafen bedroht wurden. Herzl war der Begründer des Zionismus. Bei der Gedenkfeier seines fünfunddreißigsten Todestages sahen entgeisterte Juden eine einsame Gestalt in Zivil am Grabmal stehen. Es war Eichmann.

Biographie eines Deutschen
1906 - 1938

2. 4. 1961

EINE LAUFBAHN. – NSDAP-Nr. 889 895, beziehungsweise SS-Nr. 45 326 wurde am 19. März 1906 in Solingen geboren. Diese Stadt im Rheinland ist für ihre Klingenherstellung berühmt, die sich aus der mittelalterlichen Waffenschmiedekunst entwickelt hat. Als er neun Jahre alt war, starb seine Mutter, und sein Vater beschloß, nach Linz in Österreich auszuwandern. Mit seinen drei Brüdern und einer Schwester wurde Adolf (will sagen Eichmann, denn auch Hitler verbrachte seine Jugend in dieser Stadt) von einer Tante erzogen. Es heißt, daß er keine Freunde hatte und am liebsten las. Das soll dazu beitragen, den Massenmord zu erklären. Es heißt freilich auch, daß er der Anführer einer Jugendbande war, die jüdische Jungen verprügelte. Das soll ebenfalls dazu beitragen, den Massenmord zu erklären. Er soll ordentlich Buch über die Prügeleien geführt haben: auf eine davon soll ein Selbstmord erfolgt sein. Man behauptet augenblicklich alles. Festzustehen scheint, daß er oft als Jude beschimpft wurde, denn er war ein dunkler Typ und hatte eine große Nase.

Nach vier Jahren verließ er die Staatsoberrealschule ohne Abschlußexamen und besuchte zwei Jahre lang die Höhere Bundeslehranstalt für Verkehrstechnik, Maschinenbau und Hochbau. Nach einer Version – derzufolge sein Vater arm und erfolglos ist – verläßt er diese Schule aus Geldmangel; nach einer anderen – die aus seinem Vater einen wohlhabenden Mann gemacht hat – aus Unwillen und Rastlosigkeit.

1925 bekommt er eine Stellung bei der Oberösterreichischen Elektrobau A.G., und zwei Jahre später wurde der Einundzwanzigjährige Vertreter (oder Hausierer) bei der amerikanischen Oil Company, Wien. Jetzt reiste er auf einem schweren roten Motorrad durch Österreich. Es war eine schöne Zeit. Er lernte trinken und lieben, zwei Dinge, die ihn in seinem weiteren Leben immer wieder beschäftigen sollten. 1932 hatte er einen gefährlichen Verkehrsunfall, bei dem er sich die linke Hand brach und einen doppelten Schädelbruch erlitt. Die verkrüppelte Hand hielt ihn später davon ab, das Sportabzeichen zu erwerben, das Himmler für alle SS-Leute zur Pflicht gemacht hatte; die Röntgenbilder des Schädelbruchs dienten 1960 in Argentinien dazu, ihn zu identifizieren. Manche haben vorgebracht, daß der Schädelbruch bei ihm einen Gehirnschaden anrichtete: dies soll dazu beitragen, den Massenmord zu erklären. Ich glaube nicht, daß das Gericht in Jerusalem die geringste Neigung hat, den Tod von Hunderttausenden auf einsames Bücherlesen, Halbstarkentum oder Fahren eines roten Motorrads in betrunkenem Zustand zurückzuführen.

Außer Frauen und Flaschen lernte Eichmann in jener Zeit zwei Arten von Menschen kennen: Juden und Nazis. Die Wiener Juden, die in beträchtlichem Maße die Kultur ihrer Stadt repräsentierten, müssen etwas Unbegreifliches in ihm angerührt haben. Er scheint regelmäßig mit ihnen verkehrt, ihre Buchhandlungen und Restaurants besucht, sogar einige Worte Jiddisch und Hebräisch gelernt zu haben; ja, er wird wohl auch einmal in einer Synagoge gewesen sein. Welchen orientalischen Traum erkannte er hier, der seinen Namen für immer an das Judentum heften sollte? Welchen orientalischen Traum von Bildung, Religion, Pathos, Resignation, Solidarität? Ich weiß, daß ich mich vage und rätselhaft ausdrücke – wer sich aber hier deutlicher ausdrückt, betrügt. Nichts weist darauf hin, daß er Juden einfach haßte. Mord braucht nicht auf Haß hinzuweisen. Vielleicht *wollte* er hassen, vielleicht haßte er sie, weil er sie liebte. Vielleicht ist das ein Mechanismus, der noch heftiger zu Mord führt. Jedenfalls ist es ein komplizierterer Mechanismus als der Hitlers oder Himmlers, die, sei es auch nur aus größerer Unwissenheit, die Juden viel einfacher haßten – insofern Haß, und im besonderen Judenhaß, je einfach ist. Gut zehn Jahre nach dem Krieg sagte Eichmann noch zu einem Freund (dem niederländischen SS-Mann Wim Sassen, der seine Aufzeichnungen 1960 »Life« verkaufte): Er wisse nicht mehr genau wann, aber noch vor der Gründung Roms konnten die Juden schon schreiben. Es sei sehr entmutigend für ihn, an dieses Volk zu denken, das Gesetze schrieb während sechstausend Jahren geschriebener Geschichte. Aber daraus ersehe er, daß es ein Volk ersten Ranges sein müsse, denn Gesetzgeber seien immer groß gewesen. Man kann solche Äußerungen lange anstarren. Hier spricht der Mann, der dreißig Jahre früher von den Wiener Juden wie einer der Ihren behandelt wurde, denn auch sie erkannten seine Nase, – der Mann, der sie kurz danach in den Tod hetzte, – der Mann, der jetzt in Israel auf die Anwendung eines jüdischen Gesetzes wartet, das nach sechstausend Jahren eigens für ihn geschaffen wurde.

Kommen wir der Wahrheit vielleicht ein Schrittchen, ein ganz kleines Schrittchen näher, wenn wir sagen, daß er so etwas *gewollt* hat? Nicht dies, aber so etwas Ähnliches: eine Bluthochzeit mit dem Judentum, die auf jeden Fall seine eigene Vernichtung einschloß, ein ekelhaftes Exkrement – ich bitte um Verzeihung, ich kann nur in Bildern sprechen: auch was Eichmann trieb, war höchstens ein Bild, kein Gedanke. Und außerdem ein Bild, das für immer im Dunkeln bleiben wird, weil es Dunkelheit ist.

Welcher nach innen gewendete Traum – oder welches nach außen gekehrte Bild – es auch immer sein mag, er wurde am 1. April 1932 Mitglied der Nationalsozialistischen Arbeiterpartei, Abteilung Österreich. Vielleicht war er einmal auf seinem Motorrad nach Berchtesgaden, direkt jenseits der Grenze, geknattert, wo Hitler wohnte und Zusammenkünfte abhielt.

Von da an wurde alles anders. Er kündigte bei der Vacuum Oil Company, wurde Mitglied der mehr oder weniger illegalen österreichischen SS, leistete Himmler den Treueeid zum Führer und wurde Anfang 1933 nach Deutschland beordert. Er wurde militärisch ausgebildet und gehörte unter anderem acht Monate lang zur SS-Truppe des gerade gegründeten Konzentrationslagers Dachau, denn inzwischen war Hitler an die Macht gekommen. Am 1. Oktober 1934 wurde SS-Unterscharführer Eichmann zum SD-Hauptamt in München versetzt, das bald darauf nach Berlin übersiedelte.

Immer stärker entwickelte sich in der Nazipartei eine Rivalität zwischen SA und SS. Die von dem fetten Haudegen Ernst Röhm geleitete Sturmabteilung trug braune Uniformen und bestand aus einer wüsten Horde unvorstellbarer Schurken. Die Schutzstaffel setzte sich ebenfalls aus unvorstellbaren Schurken zusammen, trug jedoch schwarze Uniformen, war zahlenmäßig kleiner und unterstand – über Himmler – Hitler selbst; sie bildete ursprünglich seine persönliche Leibwache und sollte die künftige Aristokratie des Tausendjährigen Reiches darstellen. Als Teil des disziplinierten, halb-mystischen Ordens der SS gründete Himmler 1931 den Sicherheitsdienst, dessen Leitung Reinhard Heydrich anvertraut wurde, einem siebenundzwanzigjährigen Marineoffizier, der aus dem Dienst entlassen wurde, weil er sich weigerte, ein Mädchen, das ein Kind von ihm erwartete, zu heiraten (Begründung: sie war keine Jungfrau mehr). Diese unheimliche, noch immer unterschätzte Figur besaß vermutlich den genialsten Verstand aller Nazis, einschließlich Himmler und Hitler, die beide unter seinem Einfluß standen. Durch die als Parteipendant zum Wehrmachtsnachrichtendienst geplante Abwehr löste Heydrich den SD von der SS und baute ihn zu einem Apparat aus, der vor allem die Partei selbst kontrollierte. Dank dem so entstandenen »Gehirn« der Partei konnte sich Hitler bald seiner Rivalen entledigen. Am 30. Juni 1934 – der »Nacht der langen Messer« – ließ er Röhm ermorden, der unnütz geworden war, und wochenlang rottete Himmlers SS, geführt von dem allsehenden Auge des SD, Tausende von Hitlers Gegnern innerhalb und außerhalb der Partei aus. Das bedeutete das Ende der SA, und für Himmler und Heydrich war der Weg zu fast unbeschränkter Macht frei.

Einige Monate nach diesen Ereignissen kam Eichmann als Beamter in die Kartothek des SD. Dort entdeckte er einmal, daß Hitlers Köchin und eine Zeitlang seine Mätresse ein Zweiunddreißigstel jüdisch war; dieser Bericht wurde von seinen zu Tode erschrockenen Vorgesetzten unverzüglich als »Streng geheim« weggeschlossen. Im allgemeinen zeichnete er sich jedoch durch Gehorsam, Fleiß und Genauigkeit aus, und bald darauf bat er um Erlaubnis, Vera Liebl, eine blonde Sudetendeutsche, heiraten zu dürfen; – vor kurzem schickte sie ihm aus Argentinien einen dunklen Anzug, damit er beim Prozeß anständig aussehe. Das SS-Hauptquartier untersuchte ihren Stammbaum, prüfte die drei Aufnahmen im Badeanzug sowie ein ärztliches Attest und gab seine Einwilligung zur Hochzeit. Nicht lange danach wurde Klaus Eichmann geboren, der nach seines Vaters Überführung nach Israel schrieb: »Ich kann nicht glauben, was von Dir behauptet wird. Der Baum, den Du gepflanzt hast, wächst gut, ich begieße ihn regelmäßig.« Der glückliche Vater wurde zum Hauptscharführer befördert und zur Abteilung II-112, Judentum, versetzt.

Man schrieb nun 1936. Himmler war es inzwischen geglückt, auch den gesamten Polizeiapparat in einem Hauptamt Sicherheitspolizei unter sich zu vereinen; die Geheime Staatspolizei (Gestapo) war eine seiner Unterabteilungen. Mit Heydrich beherrschte er jetzt den mächtigsten Terrorapparat der Weltgeschichte, den er von Heydrich stets den veränderten Umständen anpassen ließ.

1937 reichte Eichmann ein Gesuch ein, um sein Hebräischstudium unter der Leitung eines Rabbiners fortsetzen zu dürfen, die Kosten: drei Mark die Stunde. Beunruhigt lehnte es Heydrich ab – was sollte ein Jude einem Nationalsozialisten beibringen können? Und Eichmann entwickelte sich weiter zu einem Spezialisten für jüdische Angelegenheiten. Er richtete ein »jüdisches Museum« für den SD ein, las alles, was ihm in die Hände fiel, über das Judentum und sammelte indessen Daten über zionistische Umtriebe im englischen Mandatsgebiet Palästina.

Mit einem Kollegen wurde er im September 1937 hingeschickt, um die anti-jüdischen Aktionen der Araber zu koordinieren: das ist die eine Version; die andere lautet: um über allerlei mehr oder weniger schöne Dinge mit der Haganah, der illegalen jüdischen Kampforganisation, zu verhandeln, deren anti-englische Politik damals mit der Deutschlands übereinstimmte. Im Bericht, der ihn für diesen Auftrag empfahl, hieß es unter anderem: zuverlässig, allgemein gebildet; Fachmann auf seinem Gebiet; sehr gewissenhaft; ehrgeizig; korrektes Aussehen; selbstsicher; umgänglich; Organisationstalent; tadellose private Lebensführung; überzeugter Nationalsozialist.

Die zwei deutschen Journalisten hatten kaum palästinischen Boden betreten, als der Intelligence Service bereits wußte, wer sie waren. Achtundvierzig Stunden später waren sie wieder eingeschifft. Gut zwanzig Jahre später erklärt Eichmann – vor seiner Verhaftung – in Argentinien, daß er genug sah, um von der Art stark beeindruckt zu sein, wie die jüdischen Kolonisten ihr Land aufbauten. Er bewunderte ihren unbeugsamen Lebenswillen, – dies umso mehr, als er selbst Idealist war. In den folgenden Jahren habe er oft zu Juden, mit denen er etwas zu tun hatte, gesagt, daß er, wenn er Jude gewesen wäre, ein fanatischer Zionist gewesen wäre. Er könne sich nicht vorstellen, daß er etwas anderes hätte sein können. Wirklich, er wäre der eingefleischteste Zionist gewesen, den man sich vorstellen kann.

Das Grauenerregende daran ist, daß er es so meint. Weder von Hitler, Himmler noch Heydrich kann man sich eine solche Sprache vorstellen. Er haßte jeden Juden, der nicht jüdisch genug war, um nach Palästina zu gehen. Fand er, daß die Juden als Juden *versagten*? Hatte er sich vorgestellt, daß sie eine Art von Göttern waren – und erwiesen sie sich nur als Menschen? Wurde er auf Grund seiner unmenschlichen Forderung selbst unmenschlich? Und muß man annehmen, daß er als »der eingefleischteste Zionist, den man sich vorstellen kann«, auch bereit gewesen wäre, die Araber zu Millionen zu vergasen?

Darauf gibt es keine Antworten. Wir sehen nur, daß er sich noch in Argentinien mit den Juden gleichsetzt. Im Krieg ging er sogar so weit, daß er das Gerücht verbreitete, in Palästina geboren zu sein – selbstverständlich nicht als Jude, sondern als deutscher Tempelritter, was in diesem Zusammenhang keine Rolle spielt. Es heißt, daß er einmal ein Konzentrationslager besuchte und eine Reihe von Juden antreten ließ; er fragte, wer von ihnen Hebräisch spreche. Natürlich antwortete keiner; wer weiß, vielleicht bedeutete es den Tod. Daraufhin brach er in wüste Beschimpfungen aus: da ständen sie nun, die Juden, und keiner spreche Hebräisch, aber er, ein SS-Offizier, er spreche Hebräisch! (Was übrigens nicht ganz stimmt.)

Bei seiner Rückkehr nach Deutschland wurde er zum Untersturmführer befördert, kurze Zeit danach spielte der österreichische Minister Dr. Arthur Seyss-Inquart sein Land Hitler in die Hände, und noch am gleichen Tag wurde Eichmann nach Wien geschickt, wo er wenige Stunden nach seiner Ankunft die ersten Maßnahmen gegen seine alten Freunde erließ. Das war 1938. Jetzt begann die Zeit, von der er in Argentinien sagte: »Ich habe in den Kriegsjahren nicht geschlafen.«

1938 - 1945

ABER HAT ER GEWACHT? – Es ist die Frage, ob in Jerusalem, wenigstens im Gerichtssaal, viel Worte über das verloren werden, was er in den nächsten sieben Jahren erlebt hat. Es wird festgestellt werden, was er getan hat und inwieweit ihm das juristisch angekreidet werden kann. Rudolf Höß, der Lagerleiter von Auschwitz, sagte in Nürnberg aus, daß Eichmann schon 1943 nicht mehr an einen deutschen Sieg glaubte. Aber die Tat, die ihm vermutlich am meisten angekreidet werden wird, die Deportation von 400 000 ungarischen Juden, fand erst ein Jahr später statt. »Wenn Deutschland zusammenbricht«, sagte er einmal zu seinem nächsten Mitarbeiter und Freund Dieter von Wisliceny, »werden wir jedenfalls sagen können, daß wir etwas erreicht haben. Wir werden die europäischen Juden völlig ausgerottet haben.« Und drei Monate vor Kriegsende sagte er zu seinem SS-Baron, daß er Selbstmord begehen werde, wenn Deutschland kapitulieren sollte.

Aber der Hauptsturmführer kannte seinen Freund durch und durch. Eichmann hatte sogar zuviel Angst, ein Flugzeug zu benutzen. Unentwegt fürchtete er sich vor Mordanschlägen, niemals reiste er ohne Handgranaten und Maschinenpistolen in seinem Wagen. Er war sogar so weitblickend, sich nie photographieren zu lassen; wer es dennoch tat, mußte seinen Film abliefern. Und in einer tschechischen Zelle, wo er auf seine Hinrichtung als Kriegsverbrecher wartete, unterzeichnete Wisliceny (1946; vierunddreißig Jahre alt) eine Erklärung, in der er resolut behauptete, überzeugt davon zu sein, daß Eichmann lebe und sich in Österreich verstecke, und daß er ihn innerhalb einiger Wochen finden könne.

Hätte man von diesem Angebot Gebrauch gemacht, so wäre Eichmann wahrscheinlich schon seit vielen Jahren tot. Es betrübt mich nicht, daß es nicht geschehen ist. Es wäre ein Eichmann gewesen, dessen rechte Gesichtshälfte noch nicht durch Male entstellt gewesen wäre, die seine Vergangenheit fünfzehn Jahre lang dort eingeprägt hat. Und die Welt wäre um den Prozeß gekommen, durch den die Nazizeit nun endgültig begraben wird.

1945 - 1960

ADOLF BARTH, ADOLF ECKMANN, OTTO HENINGER, RICARDO KLEMENT. – Ende April 1945 rackerte sich der neununddreißigjährige Eichmann durch das sich auflösende Deutschland südwärts, schlüpfte durch die Zange von Konjews und Eisenhowers Armeen und erreichte Österreich, dem er vor zwölf Jahren als entlassener Benzinvertreter den Rücken gekehrt hatte. In Alt Ausee traf er allerlei geflüchtete Nazibonzen, unter ihnen Ernst Kaltenbrunner: nach Heydrichs Ermordung 1942 Eichmanns Chef. Doch dieser Optimist fand Eichmanns Gesellschaft zu gefährlich und befahl ihm zu verschwinden. Der SS-Obersturmbannführer beschloß daraufhin, sich in einen Gefreiten der Luftwaffe zu verwandeln, machte einen Abschiedsbesuch bei seiner Familie, gab seiner Vera vier Giftkapseln, falls die Russen als erste eintreffen sollten, und schlug westliche Richtung ein, um nur nicht in Sowjethände zu fallen.

Nach kurzer Zeit wurde er von einer amerikanischen Patrouille festgenommen und als Adolf Barth, als einer von zwei Millionen Kriegsgefangenen, interniert. Als etwas später das SS-Blutgruppenzeichen unter seinem linken Arm entdeckt wurde oder entdeckt zu werden drohte, sagte er, er sei Offizier der Waffen-SS gewesen, habe nichts mit Politik zu tun gehabt und heiße in Wirklichkeit Adolf Eckmann. Als Geburtsort gab er Breslau an: er wußte, daß das dortige Einwohnermeldeamt zerstört war.

Im Jahre 1945 zog er von einem Internierungslager zum anderen – bis die Angst, entdeckt zu werden, zu stark wurde. Mehrmals wurde beim Prozeß von Nürnberg sein Name erwähnt, und im Januar 1946 packte sein Adjutant Wisliceny alle Einzelheiten aus; auch seine Verhörer schöpften allmählich Verdacht, und außerdem vermutete er – nicht zu Unrecht –, daß schon Juden ihn suchten: vor ihnen hatte er am meisten Angst. Das geheime SS-Komitee im Lager gab ihm die Erlaubnis zu fliehen und versah ihn mit Adressen. Mit falschen Papieren ausgerüstet, machte er sich auf und davon.

Der Holzhacker Otto Heninger, der vier Jahre lang in der Lüneburger Heide wohnte, war ein ordentlicher, schweigsamer Mann, der oft stundenlang durch die Wälder spazierenging. Eines Tages war er plötzlich verschwunden.

Die internationale Neo-Nazi-Zentrale ODESSA (Organisation der SS-Angehörigen) lieferte den arabischen Ländern gestohlene Waffen und Munition gegen Marihuana und Opium: von den damit erworbenen Gewinnen wurden Kriegsverbrecher aus dem Land geschmuggelt. Im Frühling 1950 traf Eichmann in Rom ein, – unbelästigt, denn die englischen und amerikanischen Sicherheitsdienste interessierten sich jetzt fast ausschließlich für kommunistische Organisationen. Es heißt, daß er als Mönch reiste. Jedenfalls wurde er in einem Kloster untergebracht und später in Genua in einem zweiten Kloster. Vielleicht betrachtete man ihn dort als einen Flüchtling, der den Eisernen Vorhang hinter sich gelassen hatte, vielleicht auch nicht. Es erklärt keinesfalls, warum er im freien Italien geheimnisvoll von Kloster zu Kloster geschmuggelt werden mußte. Wie dem auch sei, im Juni erhielt er vom Vatikan einen Fremdenpaß auf den Namen Ricardo Klement, einige Tage danach hatte er sein argentinisches Visum, und im Juli ging er im Land Juan Pérons von Bord.

Unentwegt von der mächtigen illegalen Naziorganisation beschützt und unterstützt, bekam er Arbeit bei einem Unternehmer an der chilenischen Grenze und erhielt 1952 Geld, um seine Familie nachkommen zu lassen, was durch die Nachlässigkeit der jüdischen Agenten unbemerkt blieb. Als Péron fliehen mußte, ging es der Nazi-Bewegung etwas schlechter; er arbeitete in einer Kaninchenzüchterei, gründete eine kleine Wäscherei, wurde von der chinesischen Konkurrenz aus dem Feld geschlagen und bekam schließlich eine Stellung in den Mercedes-Benz-Fabriken. Noch einmal pflanzte er sich fort: Ricardo Liebl kam auf die Welt, – denn Eichmann existierte nicht mehr, und mit Klement lebte Vera in wilder Ehe. So sah sein Leben damals aus. Er wohnte in einem Haus, das sich nicht von einer Gaskammer unterschied. Kurz bevor die Juden erschienen, sagte er: »Auch Frieden mit meinen ehemaligen Gegnern möchte ich finden.«

1960

EINE JAGDSZENE. – Auf den ersten Bildern, die die Menschheit in ihren dunklen Höhlen geschaffen hat, sieht man zerbrechliche, taumelnde Figuren, die ein gigantisches Tier mit Pfeilen eindecken. Manchmal steht hinter dem Jäger noch eine Gestalt mit erhobenen Armen. Zwischen beiden ist eine Linie gezogen – das ist die Kraft, die vom zweiten, der Zauberer, Gott oder Toter ist, in den ersten strömt ....

Die drei Jäger, die schließlich vor ihm standen, hießen Yigal, Gad und Dov, – geheimnisvolle orientalische Klänge, wie er sie zum ersten Mal vor fünfunddreißig Jahren in Wien gehört haben muß. »Ich habe immer gewußt, daß es so kommen würde«, sagte er, als er nackt und zitternd auf einem Stuhl ihnen gegenüber saß: ein magerer, gealterter Körper, dessen er sich schämte.

Jerusalemer Tagebuch I.

6. - 29. 4. 1961

Donnerstag, 6. April. Ein Kreuzfahrer, der in den Felsen verdurstete, hat vielleicht einst die Vision einer solchen Reise nach Jerusalem gehabt: im Flugzeug über die verschneiten Alpen, Florenz, Rom, Neapel, an den griechischen Inseln vorbei, quer über Kreta zum Heiligen Land. Ich werde, in den Führersitz eingeladen, von einem Gefühl der Sicherheit und Entfremdung überwältigt. Es dringt zu mir durch, daß das Flugzeug stillsteht. Mit Tausenden von Knöpfen und Meßgeräten regeln die vier Männer die langsame Bewegung der Erde unter uns. Über Tel Aviv sind Säcke schwarzer Wolken ausgeschüttet worden, durch die der Blitz flitzt.

Die Entfremdung ist vollkommen, sobald ich auf dem Flugplatz stehe. Zum ersten Mal außerhalb Europas! Ein freundlicher Herr von der Botschaft empfängt mich, und bald danach wogen wir in einem amerikanischen Wagen durch die Hügel: auf demselben Weg, über den einst die Römer marschierten und tausend Jahre später die Kreuzritter zogen. Vergeblich bemühe ich mich, etwas von der Landschaft zu erkennen. Es beginnt zu regnen. Plötzlich müssen wir vor einem Mann halten, der im Licht unserer Scheinwerfer auf der Straße liegt und sich aufrichtet. Es ist jedoch ein riesiges Stachelschwein, das sich träge zum dunklen Rain schleppt. Ringsum herrscht Nacht. Als ich erfahre, daß wir durch ein arabisches Dorf fahren, Abu Gosh, regen sich Zweifel in mir. Es regnet. Nach einstündiger Fahrt gelangen wir in eine ausgestorbene Stadt aus gelbem Stein. Wir verlassen die Stadt wieder. Ich glaube nicht, daß wir in einer Stadt gewesen sind. Eine Viertelstunde später werde ich vor einer Pension abgesetzt; als ich das Auto verschwinden sehe, bedauere ich meine sämtlichen

Pläne. Alle schlafen. Ein alter unzufriedener Mann zieht einen Regenmantel über seinen Pyjama und bringt mich durch den Garten zu einem kleinen Nebengebäude. Im Dunkeln sehe ich eine Palme, aber ich bezweifle es. Ich bekomme ein kaltes steinernes Zwei-Bett-Zimmer. Ich habe keine Ahnung, wo ich bin, und fühle mich nicht besonders glücklich. Nach einer Stunde weckt mich ein lachender Mann, der sich als deutscher Journalist vorstellt und sich ins andere Bett legt. Er saß im selben Flugzeug wie ich, aber sein Auto ist auf halbem Wege nach Jerusalem verunglückt. Trostlos schlafe ich weiter.

Freitag, 7. April. Ich erwache in einer hügeligen, mit Felsblöcken und Sträuchern besäten Landschaft, auf die der Regen niederprasselt. Von Verzweiflung getrieben, ja nicht einmal im Besitz eines Mantels, gehe ich unter meinem Regenschirm durch die Straße. Es scheint eine Art Sonntag zu sein, es fährt nicht einmal ein Omnibus. Zum Glück werde ich nach ungefähr zehn Minuten von einem gottlosen, gesetzwidrigen Taxi eingeholt, einem klapprigen Dodge, in dem acht Personen sitzen und das von einem einbeinigen Chauffeur gesteuert wird. Das hebräische Geschwätz belebt mich wie eine Massage, und im King David Hotel, wo ich abgesetzt werde, komme ich endlich etwas zu mir.

Es steht neben dem Grabmal von Herodes am Rand eines ausgedehnten Tales: Jordanien. In der luxuriösen Halle wimmelt es von Amerikanern, vermutlich jüdischen Pilgern, unermeßlich würdevolle Kellner schreiten über die Teppiche .... es ist ein Hotel, wie es jede Stadt auf der Welt besitzt; sein Erfinder: Césare Ritz. Bei anderem Wetter hat man an der Rückseite wahrscheinlich eine großartige Aussicht auf die arabische Stadt, die im strömenden Regen nun fast unsichtbar ist. Früher stand das Hotel am Westende von Jerusalem; nach der Teilung von 1948 ist daraus der äußerste Osten des von den Israelis gebauten neuen Jerusalem geworden.

Nach einer Stunde bereits kenne ich zahllose israelische Beamte und Journalisten sowie Radio- und Fernsehleute aus allen Erdteilen. Über Eichmann wird nur achselzuckend geredet, niemand spricht von ihm selber oder seinen Taten, es wird ausschließlich über Israels Befugtheit, ihn zu richten, diskutiert. Die meisten bezweifeln dieses Recht im juristischen Sinne, finden aber, daß die

Juden natürlich völlig recht haben. Fast alle sind gegen die Todesstrafe für Eichmann, es wäre unvernünftig. Um Eichmann selbst kümmert sich keiner. Die Stimmung ist nüchtern und sachlich. Ich frage einen amerikanischen Reporter, der schon seit ein paar Tagen hier ist, ob die Stimmung unter den Israelis gespannt oder vielleicht sogar gefährlich sei. Er lacht, beißt noch ein Stück von seiner Matze ab und sagt, er sei im Korea-Krieg Zensor gewesen und habe ein scharfes Auge für einen geöffneten Brief: Einige der Briefe, die er in Israel empfangen habe, seien geöffnet worden. Ich bestelle auch eine Matze mit Huhn und eine Tasse Kaffee. Als ich um etwas Milch bitte, lehnt es der Kellner ebenso höflich wie resolut ab; wenn eine Seele Kaffee mit Milch trinkt, während sie Fleisch dazu ißt, sei es Geflügel oder Rind, so soll sie von ihrem Volk ausgerottet werden. Oder so ähnlich. Ich werde mir eine Bibel kaufen; in diesem Land ist die Heilige Schrift als Kochbuch und Reiseführer unentbehrlich.

Nachmittags hört der Regen auf. Die Stadt bleibt ausgestorben, sogar die Cafés sind zu. Wie ich gehört habe, ist heute der letzte Tag des jüdischen Osterfestes, das heißt, es ist eigentlich Samstag, was Sonntag bedeutet. Im Jaguar des Botschafters fahren wir mit einem kleinen Grüppchen zum höchsten Punkt außerhalb der Stadt – und dort entfaltet sich das Panorama der Übernatürlichkeit. Umsäumt von Hügeln, besät mit Kirchen, Klöstern, Türmen und Minaretten breitet sich das alte Jerusalem zwischen seinen Mauern im Tal aus. Unter den Zedern auf dem gegenüberliegenden Abhang: der Garten von Gethsemane, etwas weiter Golgatha. Der Ölberg. In diesem Tal hat Abraham seinen Erstgeborenen auf den Altar gelegt; dort drüben, auf dem Berg Zion, errichtete David sein Königreich. Von derselben Stelle aus ist Maria gen Himmel gefahren. Aber es glänzt auch mitten in der Stadt die goldene Kuppel der auf den Pferdeställen Salomons erbauten Omar-Moschee. Dort ist Mohammed gen Himmel gefahren. Im selben Tal wird der Messias den orthodoxen Juden erscheinen.

Warum ausgerechnet alles hier? Sprachlos schaue ich mich um. Was ist mit dieser Stätte los? Heiliger Boden dreier Religionen – ein fruchtbarer Acker! Auf der Ebstorfer Weltkarte aus dem 13. Jahrhundert ist Jerusalem genau in die Mitte eingezeichnet worden – da auf einer Kugelfläche jeder Punkt »Mittelpunkt« genannt werden kann, kommt auf der Weltkugel Jerusalem zweifellos am meisten dafür in Betracht: Es ist der religiöse

Pol, auf den die meisten Kompasse zeigen. Dante hat sogar den religiösen »Gegenpol« entdeckt: Nach dem neunten Kreis der Hölle verließ er mit Vergil das Erdinnere diametral Jerusalem gegenüber; ein Blick auf den Globus belehrt uns, daß dies der Stille Ozean ist. Ich werde mir wohl einen Globus kaufen, der sich um diese Achse dreht.

Diametral den Atompilzen in der Südsee gegenüber betrachte ich Golgatha. Wenn ich hingehen wollte, ein Spaziergang von einer halben Stunde, müßte ich erst eine Woche herummanövrieren, um mich eines zweiten Passes ohne israelische Stempel zu bemächtigen, mit dem ich durch das Mandelbaum-Tor Eintritt in die arabische Stadt erlange; auch müßte ich mich gegen Pocken impfen und taufen lassen. Um zurückzukehren – allerdings ist es ungewiß, ob man in seinem dreiunddreißigsten Lebensjahr von Golgatha zurückkehrt –, müßte ich den Zug nach Amman, das Flugzeug nach Zypern, ein anderes von Zypern nach Tel Aviv und von dort aus den Zug nach Jerusalem nehmen.

Wenn ich eine Halbwendung mache, sehe ich in der Ferne ein kleines arabisches Dorf liegen. Das ist Bethlehem, sagt mir der Botschafter. Hinter mir höre ich einen Mann erzählen, daß Eichmann vorgestern nacht heimlich und betäubt in seine Jerusalemer Zelle gebracht worden sei.

Samstag, 8. April. Die Grenze zwischen Israel und Jordanien wird durch die erstarrte Front von 1948 gebildet. Jerusalem liegt in einem bizarren Zipfel, an drei Seiten von arabischem Gebiet umgeben, fünfundzwanzig Kilometer vom nördlichsten Punkt des Toten Meeres entfernt. Aber wer es sehen will, muß einen halbtägigen Umweg machen, um seinen südlichsten Punkt zu erreichen.

Zwei Stunden südwestlich von Jerusalem liegt in weitem, sanftem Hügelland Kiryat-Gat, nach dem philistinischen Gath benannt, der Geburtsstadt Goliaths. In einem über ein großes Gebiet verstreuten Kreis befinden sich überall kleine Siedlungen in den Hügeln: Reihen kleiner weißer Häuser, die unvermeidlich an Konzentrationslager erinnern. Für ihre Bewohner bedeuten sie jedoch endlich Freiheit! Was für eine Freiheit? Eine trostlose Freiheit in unbekanntem Land? In jedem der Dörfer führen Auswanderer aus vielen Ländern ihr eigenes Leben und sprechen ihre eigene Sprache: Dort leben Marokkaner, Russen, Jemeniten, Polen, Perser. Aber im Mittelpunkt des Kreises ist ein viereckiger Kern von Läden, Schulen, Klubs. Dieser Kern erst ist Israel, ist der Mörser, der Schmelztiegel, in dem die Leute sich treffen, die Kinder miteinander spielen, Unterricht im gemeinsamen Hebräisch bekommen. So vollzieht sich Israels dramatisches, für unmöglich gehaltenes Experiment, das zu gelingen scheint. Hier kann man den Mut der Verzweiflung lernen. Es ist Schabbes, keine Menschenseele ist draußen. Beim Anblick der reglosen weißen Dörfer in der endlosen Landschaft, wo einst Josua die Sonne stillstehen ließ, werde ich von Ehrfurcht erfüllt, während sich gleichzeitig die ratlose Verlassenheit meiner bemächtigt, die sich hinter diesem Pioniersgeist verbirgt: das Doppelgesicht des Verfolgers.

Wir essen in Beer Scheva; dann fahren wir wieder eine Stunde südwärts und gelangen in die Wüste. Es ist die Hauptstadt des Negev, vor Urzeiten vom Nomadenfürsten Abraham gegründet, der dort Brunnen für sein Volk grub. Jetzt rattern Traktoren links und rechts neben den Asphaltstraßen, aber alttestamentarische Zeiten dauern immer noch in Gestalt der Beduinen fort. Wie schwarze Kokons riesiger Insekten stehen ihre Zelte an den Hängen der Wüste, in die wir nun ostwärts eindringen. Ihre Gesichter sind in ihren Gewändern kaum zu erkennen, während sie ihre Herden von Schafen und schwarzen Ziegen hüten, die man noch kilometerweit wie mit Tusche auf das gelbe Gestein gemalt sieht. Ein kleiner Beduinenjunge reitet auf einem Kamel den Weg entlang und bläst auf einer Flöte. Die Frauen verhüllen ihr Gesicht, wenn wir vorbeikommen. Schon tief in der Wüste, wo längst nichts mehr wächst und alles sich in hügelige, gelbe Dürre verwandelt hat, erblicke ich plötzlich wieder einen Beduinen, einen schmalen Strich in der Ferne, der von nirgendwo nach nirgendwo zieht. Während der Reiseführer sich abfällig über sie ausläßt, über ihre Faulheit, ihre Schmutzigkeit, ihre Vielweiberei, vermag ich Tränen der Rührung kaum zu unterdrücken. Vielleicht kann man die Menschen in solche einteilen, die auf Traktoren klettern und versuchen, aus allem etwas zu machen, und jene, die lieber einsam durch die Wüste ziehen.

Hier und da blüht sie: gelbe Blumen sprießen aus gelbem Gestein. Wir fahren an dem Kibbuz Dimona vorbei: Reihen weißer, von den Stärksten bewohnter Häuser. Schon jetzt, Anfang April, haben wir unsere Jacketts ausgezogen und platzen vor Hitze, im Sommer muß hier ein Klima wie auf der Venus herrschen. Etwas später erscheint am südlichen Horizont ein Komplex dunkler Gebäude. Der Führer schweigt und schaut vor sich hinsummend durch die Windschutzscheibe; doch auch ohne die schwerbewaffneten Soldaten, die plötzlich hier und da auftauchen, haben die Intelligenteren unter uns den Atomreaktor erkannt. Ein Däne erkundigt sich, was das für Gebäude dort am Horizont seien. Der Führer lächelt. »Eine Textilfabrik«, sagt er. Verwundert betrachtet der Skandinavier den Horizont. Verrückte Juden, denkt er. Der Führer redet lieber über die Straße. Fast hundert Kilometer, von Beer Scheva zum Toten Meer, von fünftausend Arbeitern unter unbarmherzigen Umständen, Sonnenhitze und schießenden Arabern angelegt. Gegen Ende der Fahrt geht es allmählich bergab, und eine ungeheuere Aussicht erschließt sich vor uns. Wir steigen aus und stehen in außerirdischer Stille. Dutzende von Kilometern weiter liegen die kupferroten Berge Jordaniens; zwischen uns und jenen Bergen, von einer unmenschlich weißen Landschaft von Salzfelsen umsäumt, liegt, tausend Meter in der Tiefe, ein atemloser Aquamarin: das Tote Meer. Wenn je ein Name zutreffend ist, so dieser. Hier, an der tiefsten Stelle der Erde, vierhundert Meter unter dem Meeresspiegel, ist etwas Entsetzliches geschehen. Der Tod hat Gestalt angenommen. Hier ist seine Faust niedergesaust: die Stätte, an der wir stehen, heißt Sodom. Unter einer Dunstschicht liegt tief unten das Meer im Sterben und erstarrt zu Salz, auch wenn niemand hinschaut. Wir betreten schweigend diese todstille, schwitzende Agonie. Hat Eichmann so etwas sein wollen?

Sonntag, 9. April. An diesem ersten Werktag setzt sich die Maschine allmählich in Bewegung. Gedränge und Geschrei im Pressebüro, wo wir unsere Eintrittskarten für das Gerichtsgebäude erhalten, Karten für Fernschreiber, Telephon und Telegramme, ein Kilo Papiere, von der Anklageschrift angefangen bis zu einer Liste mit den SS-Rängen, und elegante Kopftelephone aus Plastik für die Übersetzungen – von Philips hergestellt, allerdings ohne Warenzeichen, da die Firma nicht mehr für Israel arbeitet, nachdem die arabischen Länder gedroht hatten, ihre Geschäftsbeziehungen zu Philips einzustellen. Wir unterschreiben eine Erklärung, in der wir uns verpflichten, unsere Artikel einer Militärzensur zu unterwerfen, insofern wir über etwas anderes als Eichmann schreiben. Ich habe das Gefühl, daß mir das entfallen wird.

Das Gebäude, in dem der Prozeß stattfinden wird, liegt mitten im modernen Jerusalem. Es befand sich schon seit Jahren als Haus des Volkes, *Beit Ha'am,* im Bau, wurde jedoch im Hinblick auf den Prozeß fertiggestellt, der im Theatersaal des Erholungszentrums abrollen wird. Ein Heer von sicher hundert Soldaten und Polizisten ist auf den Beinen. Überall stehen sie, die Maschinenpistolen im Anschlag – die gleichen Pistolen, die so ausgezeichnet sind, daß die deutsche Bundeswehr sie zu Tausenden ankauft; den Finger am Abzug, bewachen sie das Flachdach des funkelnagelneuen Gebäudes und sind außerdem auf den Dächern der umliegenden Häuser postiert. An allen Durchgängen der Straßensperre stehen Gruppen redender Juden: Jerusalemer Arbeiter, schwarze Frauen aus Nordafrika, alttestamentarische Gestalten aus Jemen, europäische Einwanderer und verwahrloste Orthodoxe mit schwarzen Hüten, Kaftanen – eine Art von knielangen Gehröcken aus demselben Stoff wie die Hose –, struppigen Bärten und Koteletten.

Nachdem ich meine Karte vorgezeigt habe, werde ich durch die erste Sperre gelassen und gelange zu einer Reihe von Badekabinen. Ich öffne eine Tür und werde von einem Polizisten freundlich empfangen, der mich vom Scheitel bis zur Sohle abtastet, besonders unter den Achseln. Nachdem er mißtrauisch mein Feuerzeug gemustert hat, entläßt er mich durch die Hintertür. Dann wird das Narrenhaus in Vollbetrieb sichtbar. Journalisten und Soldaten eilen ein und aus, Mädchen schleppen Kisten voll Apfelsinensaft umher, Arbeiter seilen unbegreifliche Maschinen durch die Fenster herein. Auch drinnen wird noch überall geschreinert. Post-, Telegraphen- und Telephonamt sind bereits eingerichtet; im Pressesaal, der wie ein Klassenzimmer für vierhundert Schüler aussieht, werden Fernsehgeräte aufgestellt, auf deren Bildschirmen der Prozeß ununterbrochen sichtbar sein wird. Ich laufe herum wie ein Fremder in Babylon.

Als ich abends gehe, badet sich das Gebäude in Scheinwerferlicht. Es ist offensichtlich der amüsanteste Ort der Stadt, vor dem Tor stehen große Banden von Jungen mit Radios unter ihren Hemden. Aus ihren Körpern erschallt Tanzmusik, während sie ihre Mädchen zu haschen versuchen. Als sie mich herauskommen sehen, rufen sie: »Schalom, Doktor Servatius!« Es könnte zum Titel eines Erfolgsschlagers werden. Auf dem Dach steht die Schildwache zwischen Sternen.

Montag, 10. April. In den nächsten acht Monaten wird die Sonne scheinen. Den ganzen Tag im Garten unter Palmen gelesen und gearbeitet. Meine Pension gefällt mir jetzt sehr gut. Der alte unzufriedene Mann des ersten Tages hat sich als freundlicher Rumäne entpuppt, mit dem ich mich über Bukarest unterhalte.

Dienstag, 11. April. Der Saal wird kaum stiller. Fast niemad hat gesehen, wie er aus der Mauer in seinen Glaskäfig trat. Seine Bewegungen, die zugleich stramm und geschmeidig sind, verraten, daß er sein halbes Leben lang eine Offiziersuniform getragen hat. Im Vergleich zur Aufnahme vom vergangenen Jahr ist er gealtert. Er trägt einen dunklen Anzug und eine Brille. Zwei- oder dreimal schaut er mit unbeweglichem Gesicht in den Saal und dann während der ganzen Sitzung überhaupt nicht mehr. Er sitzt links auf dem Podium des modernen Theatersaals, von sanften Neonlampen beleuchtet. In der Täfelung befinden sich Löcher, hinter denen unsichtbare Fernsehkameras stehen. An einem langen Tisch, dem Saal den Rücken kehrend, sitzt Servatius mit seinem Assistenten neben dem öffentlichen Ankläger und vier Assistenten. Auf einer Erhöhung, ihnen gegenüber, stehen die Sessel der drei Richter. Bei ihrem Eintreten steht Eichmann schnell und gehorsam stramm. Der Präsident fragt ihn, ob er Adolf Eichmann sei, und er antwortet kurz: »Jawohl.« Das wiederholt er, als er gefragt wird, ob er Servatius als seinen Verteidiger anneh-me.

In schwermütigem Hebräisch beginnt der Präsident Punkt für Punkt die Anklage vorzulesen, wobei er stets die deutsche Übersetzung abwartet. Strammstehend hört Eichmann zu: den Kopf etwas nach rechts geneigt, manchmal flüchtig den Mund verziehend, unbeweglicher als seine Bewacher. Einer von ihnen kann Eichmanns Hinterkopf nicht aus dem Auge lassen. Ich weiß, was er sucht. Ich kann es auch nicht finden. In fünfzehn Punkten prasselt die fürchterliche Anklage auf ihn herab. Auf zwölf davon steht die Todesstrafe. Millionen vergaste Juden in Auschwitz;

Hunderttausende von Toten in Arbeitslagern; erzwungene Abtreibungen bei jüdischen Frauen in allen Phasen der Schwangerschaft; Deportation von anderthalb Millionen Polen und vierzehntausend Slowenen; die Ermordung von hundert Kindern aus Lidice. Es nimmt kein Ende. Beim vierten Punkt stellt er sich etwas bequemer hin. Wenn der Präsident spricht, schaut er zum Präsidenten, wenn der Dolmetscher spricht, zum Dolmetscher. Er zeigt nicht die geringste Gemütsregung. Es scheint, als verstehe er auch kein Deutsch. Doch als der Präsident ihn schließlich fragt, ob er die Anklage verstanden habe, sagt er wieder kurz: »Jawohl.« Er ist vermutlich der einzige auf der Welt, der das sagen kann.

Während die ersten Korrespondenten zu den Telephonen stürzen, fängt die größte öffentliche Unterrichtsstunde der Weltgeschichte an. Servatius, der wie ein zuverlässiger Landarzt aussieht, protestiert. Höflich und betont, stets die Übersetzung abwartend, nennt er das Gericht unbefugt und voreingenommen. Die Richter sind alle in Deutschland geboren und 1933 vor Hitler nach Israel geflüchtet. Eichmann putzt sich die Nase, und jetzt sehe ich, daß seine plumpen, steifen Hände zittern. Sich höflich verbeugend und Heine zitierend, redet Servatius über das Wünschenswerte eines internationalen Gerichtshofes und die Unmöglichkeit für ihn, Zeugen aufzurufen. Diese würden in Israel unverzüglich wegen ihrer eigenen Verbrechen verhaftet werden. Als er über Verantwortlichkeit ohne Schuld zu sprechen beginnt, begibt er sich auf schlüpfriges Pflaster. Er fragt, wie ein einziger Mann für den Tod fast eines gesamten Volkes und für die Verbrechen eines ganzen Landes büßen könne.

Während der Prozeß sich wie ein endloser Zug in Bewegung setzt, verlasse ich den Saal. Den Transistor im Ohr, durch den ich allem folgen kann, schaue ich nach draußen. Kameraleute filmen die bunte jüdische Menge hinter den Sperren. Berittene Polizei treibt Grüppchen schreiender Jungen auseinander. Ich überlege mir, daß die schlimmste Strafe für Eichmann sein würde: sofortige Freilassung.

Während ich die Treppen hinuntergehe, höre ich die Übersetzung des öffentlichen Anklägers. Er sagt, daß Israel das einzige Land auf der Welt sei, das Eichmann richten wolle, und daß hier kein einziger Richter neutral sein könne. Der Richter, der hier neutral sein würde, sei unbefugt. Es gehe hier nicht um Neutralität, sondern um Gerechtigkeit. Bei jeder Ecke, um die ich gehe, entschwindet das Geräusch kurz.

In der wahnsinnigen Erregung des Pressesaals sehe ich Eichmann auf dem Bildschirm niesen. Ich denke: er niest.

Mittwoch, 12. April. Mit Grausen denke ich an gestern abend zurück, als fünfhundert Journalisten zu den Schaltern stürzten, um ihre Berichte über die Erdkugel zu telephonieren, zu telegraphieren, fernzuschreiben. In dem Hexenkessel, der sofort entstand, wurde zum Entsetzen aller das Maximum für Telegramme auf zweihundert Worte und für Telephonate auf sechs Minuten festgelegt. Die meisten, die auf Gipfelkonferenzen und in Revolutionen zu Hause sind, schienen sich im Geschrei und Gedränge behaglich zu fühlen, aber für einen einfachen Schriftsteller war es nichts. Er mußte, daran gewöhnt, seine Manuskripte, gemütlich durch die Sonne schlendernd, seinem Verleger zu bringen, der ihn mit einem Glas Sherry empfängt, nun Polen und Brasilianer zur Seite drängen und mit der Faust auf den Tisch schlagen, um israelische Telephonistinnen in Schwung zu bringen. Um sechs Uhr sollte mein Anruf erfolgen: Um acht Uhr war ich ratlos. Wütend kettenrauchend, betrachtete ich die Berichterstatter, die ihre Artikel bereits durchgegeben hatten: Sie waren an dem abgeklärten Seelenfrieden zu erkennen, der ekelhaft von ihren Gesichtern strahlte. Ich hatte mir sagen lassen, daß bei einem Journalisten die Qualität seines Artikels weniger wichtig ist als die Tatsache, daß er rechtzeitig in die Zeitung kommt. In dieser Hinsicht habe ich mich als guter Journalist entpuppt – jubelnd konnte ich um zehn Uhr endlich in eine Zelle stürzen, wobei ich einige Südamerikaner über den Haufen rannte, und meinen Text silbenweise nach Amsterdam schreien, einen »Pronto-Pronto« brüllenden Italiener in der Zelle links, eine zwitschernde japanische Dame vom »Asahi Shimbun«, Auflage zehn Millionen, in der Zelle rechts von mir. Danach schwebte auch ich auf Flügelfüßen durch das *Beit Haam.* Erst nach einigen Stunden und einigen Gläsern israelischen Kognaks, den ich in einer Kellerkneipe voll furchterweckender israelischer Fallschirmjäger trank, erkannte ich, wie sehr ich versagt hatte. Es sollte bis heute dauern, ehe ich begriff, warum.

Eichmanns Wirkung auf die Welt kann nicht nur auf seine Taten zurückgeführt werden. Sie läßt sich auch aus seiner Unsichtbarkeit erklären. Vor dem Krieg war er ein unsichtbarer SD-Beamter, während des Krieges ein unsichtbar handelnder SS-Offizier, nach dem Krieg ein unsichtbarer, »untergetauchter« Nazi, im letzten Jahr ein unsichtbarer Gefangener in Israel. Die Theologie hat die Wirkung des Unsichtbaren auf die Menschen beschrieben. Dem Satansbild, das die Presse in den letzten Monaten von Eichmann entworfen hat, ist deshalb auch eher »theologisch« als psychologisch näherzukommen. Servatius hatte allen Anlaß dazu, darauf hinzuweisen, daß die Presse nicht das Gericht ist. Plötzlich ist Eichmann jetzt sichtbar geworden – zu allem theologischen Überfluß ausgerechnet in Jerusalem: Bethlehem und Golgatha sind von den Dächern aus sichtbar. Jeder beschäftigt sich mit dieser Tatsache, fast niemand wagt darüber zu schreiben. Aber bei Eichmann ist die theologische Wirkung durch seine Sichtbarwerdung verschwunden. Er erweist sich als Mensch: ein etwas ungepflegter, erkälteter Mensch mit Brille. Um etwas von seiner einstigen Wirkung wiederzufinden, muß eine neue Unsichtbarkeit entworfen werden: etwa, daß er Himmlers Intimus war. Ich bin hier noch keinem begegnet, der sich nicht mit derartigen geistigen Übungen befaßt, um das Satansbild in den Augen der Welt aufrechtzuerhalten. Es ist vergeblich, und es wird sich immer mehr als vergeblich herausstellen. Auch Eichmann kann die Sehnsucht der Welt nicht stillen. Er wird immer kleiner werden. Der Tag wird kommen, da er verschwunden ist – und dann wird er das sein, was er immer gewesen ist: ein Irrlicht auf unserer Netzhaut.

Der Saal ist heute halbleer, und um ihn mir gut ansehen zu können, setze ich mich in die erste Reihe, drei Meter von ihm entfernt. Er ist entspannter als gestern. Als er hereinkommt, lächelt er mich flüchtig an. Ich bekomme einen Todesschreck – aber es galt nicht mir, sondern Servatius, der genau zwischen uns sitzt. Etwas später, in Erwartung des Gerichtshofes, spricht er durch ein Mikrophon mit ihm. Ich kann dabei deutlich seine Augen sehen. Es wurde geschrieben, daß er Schlangenaugen habe (»France Soir«), und auch, daß jedes seiner Augen eine Gaskammer sei (»Libération«). Aber in Wirklichkeit sind sie sanft und samtartig, was viel grauenerweckender ist. Ihr Ausdruck versteinert, wenn er dem öffentlichen Ankläger zuhört, der heute den ganzen Tag lang seine juristische Beweisführung über die Befugtheit des Gerichts fortsetzt. Im Gegensatz zu den drei Richtern wendet Eichmann seinen Blick keine einzige Sekunde – und das stundenlang – von ihm ab. Zwar schweift er in einer Art Tic manchmal zur Seite, dann zittert sein Kopf flüchtig, und er saugt seine Backen ein, wobei er den Mund nach links verzieht. In solchen Momenten hat er etwas von dem Eichmann an sich, als den wir ihn so gern sehen möchten: ein unbegreiflich mitleidloses Gesicht, das mir Schauder über den Rücken laufen läßt – der Trümmerhaufen eines Gesichts, das gleichzeitig heftiges Mitleid hervorruft. Gestern saß ich zu weit entfernt, um es zu sehen.

Als die Sitzung verschoben wird, gerate ich mit einem jüdischen Journalisten niederländischer Abstammung ins Gespräch. Er erzählt mir, daß er Eichmanns Gesicht mit den Gesichtern der Leute im Saal verglichen habe und daß ihm ein wichtiger Unterschied aufgefallen sei. Was Eichmann fehle, sei die »jüdische Seele«. Aber danach habe er sich klargemacht, daß viele Nichtjuden im Saal saßen. Das habe ihn überrascht. »Ich wage Ihnen das zu sagen, obwohl Sie nur Halbjude sind! Ich bin auch bereit, es Ihrem Kollegen gegenüber, der überhaupt nicht jüdisch ist, zu wiederholen.« Was er auch tat, woraufhin mein Kollege sagte, daß er bei der Suez-Aktion jüdische Offiziere getroffen habe, die genau solche Gesichter wie Eichmann hatten. Daraufhin sagte der andere: »Die stammten dann sicher aus orientalischen Ländern.«

Manchmal habe ich den Eindruck, daß alle hier Antisemiten sind. Juden wie Nichtjuden. Ein anderer sehr arischer niederländischer Journalist kommt zu mir und fragt, ob ich als Halbjude in Israel vieles *wiedererkenne.* Die Tatsache, daß ich halbjüdisch bin, scheint sich jeder gut hinters Ohr geschrieben zu haben. Als ich sage, daß ich von meinem arischen Vater erzogen worden sei, fängt er von Blut und Erblichkeit an und daß ich nach dem Talmud doch Jude sei. Aber ich sage, daß er bestimmt selbst mit Pajes herumgelaufen wäre, wenn er im ultra-orthodoxen Viertel Meah Shearim aufgewachsen wäre, bezweifelt er das beunruhigt. Schließlich zieht er sich aus der Affäre, indem er sagt, er sei nur ein ganz gewöhnlicher holländischer Bauernjunge und wohl zu dumm dazu, solche Dinge zu verstehen, was ich bestätige.

Mittags hören wir, daß Eichmanns Name auf der ersten Seite dem Yuri Gagarins gewichen ist, der sich bei der Eröffnung des Prozesses unter anderem über Jerusalem im All befand. Doch auch er wird die Sehnsucht der Welt nicht stillen können.

Donnerstag, 13. April. Heute kein Prozeß: Gedenktag der Helden und Märtyrer. Um einer Feier beizuwohnen, fahren wir nach Yad Mordechai, an der ägyptischen Grenze bei Gaza. Dieser Kibbuz ist bekannt wegen seiner dort wohnenden Überlebenden aus polnischen und russischen Ghettos und durch seinen Kampf im Unabhängigkeitskrieg 1948. Zweimal bombardiert und schließlich von Tanks dem Boden gleichgemacht, wurde er zum Grab von Dutzenden von Juden, die gerade den Blutbädern von Warschau und Wilna entronnen waren. Der damalige Befehlshaber, Shimon Avidan, wird uns vorgestellt: ein alter Bauer mit einem sonderbar schiefen Gesicht. Der ägyptische Befehlshaber an jenem Frontabschnitt war in diesen Tagen Oberst Gamal'Abd en Nasser, der in einer seiner Schriften darüber spricht. Während Avidan sich mit uns unterhält, schweifen seine Augen unentwegt zu dem modernen Feldstecher, der auf meinem Bauch baumelt.

Yad Mordechai ist ein echter Grenzkibbuz, halb Bauernhof, halb Festung. Jeder ist dort zu kämpfen imstande, wenn es sein muß, auch die Frauen. Waffen gibt es jetzt in Hülle und Fülle, und um die Hauptgebäude herum – den Versammlungssaal, die vollautomatische Gemeinschaftsküche, die Kindergärten, in denen die Kinder zusammen erzogen werden – sind überall Bunker angelegt worden. Die Grenze liegt fünfhundert Meter entfernt; dort geht das fruchtbare Land sogleich in weißen Sand über. Tief im ausgedörrten Gaza-Streifen sehe ich durch meinen neiderregenden Feldstecher ein hellgrünes *Wadi* mit Palmen. Vergeblich suche ich meine Beduinen.

Über die mit roten Flaggen verzierten Wege gehen Genossen der nationalkommunistischen Mapampartei zu ihrem Versammlungsort. Auf dem Gipfel eines steilen Hügels steht vor einem eingestürzten, zusammengeschossenen Wasserreservoir ein riesiger Arbeiter aus Bronze, eine Handgranate in der Faust, in sozialistisch-realistischem Stil. Aus Omnibussen strömen die Leute der benachbarten Kibbuzim zusammen und warten auf langen Bänken sitzend auf den Sonnenuntergang. Wie an allen Tagen beginnt auch der Gedenktag beim Erscheinen der ersten Sterne. Abseits, unter den Bäumen, strecken sich Grüppchen von Soldaten träge aus, die Maschinenpistolen schußbereit neben sich auf dem Boden. Überall versammeln sich Jungen und Mädchen der Mapamjugend in blauen Overalls und mit roten Halstüchern.

Während die Dämmerung sich senkt, gerate ich mit einem von

ihnen ins Gespräch. Als ich von Eichmann anfange, zuckt er die Achseln. Seinem gebrochenen Englisch entnehme ich, daß er den Prozeß für das Gewäsch alter Leute hält. In einer geldlosen, halbmilitärischen Gemeinschaft mit roten Flaggen aufgewachsen, in einem Gemeinschaftskindergarten ohne Zigaretten oder Kino und mit einem Feind am Ende der Äcker erzogen, kann er sich nicht über das offizielle Elend seiner Eltern aufregen. Er findet, daß sie allmählich einen Schlußstrich darunter ziehen sollten.

Der Mann, mit dem ich mich danach unterhalte, macht mir deutlich, was der Mapamjunge meint. »Wir wollen, daß unsere Kinder weder vergessen noch vergeben«, sagt er. »Wir wollen, daß sie Deutschland bis zu ihrem Tod hassen.« Er selbst verstand es, als einziger seiner Familie dem Ghetto von Warschau zu entrinnen, er kämpfte eine Zeitlang mit den Partisanen und später in der Roten Armee. Ich erinnerte ihn daran, daß viele Juden gegen den Prozeß Eichmann sind, weil sie befürchten, daß der Antisemitismus dadurch gefördert wird; ihrer Meinung nach soll das Wort »Jude« möglichst wenig erwähnt werden. Er gerät in Wut. Er sagt, das sei wieder die alte Ghettomentalität, die sich die Juden endlich abgewöhnen müßten. Er führt die niederländischen Juden an, die sich wie Schafe abschlachten ließen. Ich frage, was sie denn sonst hätten tun sollen, zusammengetrieben in Amsterdam, einer Stadt umgeben von Weiden. Davon will er nichts hören. »Was haben wir in Warschau getan? Hätten die niederländischen Juden nicht geschlossen zum Meer, zu einem Hafen durchbrechen können? Hätten sie nicht versuchen können, nach England zu gelangen?« Während ich das höre, verstehe ich plötzlich die Gleichgültigkeit Anne Franks Tagebuch gegenüber, der man überall in Israel begegnet. Auch das repräsentiert die Ghettomentalität.

Mit großem Beifall werden die Helden von Warschau auf dem Podium begrüßt. Zehn alternde Männer in Zivil, die etwas befremdet die jubelnde Menge betrachten. Unter ihnen auch ein fünfundvierzigjähriger, kahlwerdender Mann mit einem schwarzen Lappen vor dem linken Auge, das andere schaut merkwürdig blau und klar in die Welt. Das ist der legendäre General Moshe Dayan, der Oberbefehlshaber der israelischen Streitkräfte während der Suez-Aktion und das Idol seiner Soldaten. Unter Trommelwirbeln und Trompetengeschmetter marschiert nun die Mapamjugend mit roten Fahnen den Hügel hinab; während sich jetzt schnell die Nacht senkt und ringsum in den Hügeln die Grillen zirpen, spricht ein alter Mann mit weißem Bart: der ehemalige Anführer der polnischen Juden. Ich verstehe nur das Wort »Eichmann«. Indessen beobachte ich, daß sich dann und wann Pärchen aus den hintersten Reihen lösen und in der Dunkelheit des Kibbuz verschwinden.

Nach einem allegorischen Ballett unterhalten wir uns mit Ruzhka Kurchak, der Leiterin des Aufstandes im Ghetto von Wilna. Sie reicht mir noch nicht einmal bis zu den Schultern und kann 1942 höchstens zwanzig Jahre alt gewesen sein. Ihr Gesicht wird mir unvergeßlich bleiben. Während sie erzählt, daß sie nicht um ihr Leben kämpften, sondern um die Art ihres Sterbens selber zu bestimmen, erscheint auf ihrem Gesicht ein Schmerz, wie ich ihn niemals bei einem Menschen für möglich gehalten habe, meilenweit entfernt von Tränen, eine Erinnerung an Verzweiflung und Tod, derweil sie noch am Leben ist, ein Schmerz, den zumindest *meine* Feder nicht beschreiben kann. Ich wende mich ab und denke an Eichmann. Ich denke: her mit ihm, und ich bringe ihn eigenhändig um.

Freitag, 14. April. Almählich wird hier jeder wegen Eichmann schizophren. Wir wissen, was er getan hat, auch wenn es noch bewiesen werden muß. Was jedoch in diesem Glaskäfig hockt, ist ein einsamer, sterbender Mann. Hassen wir ihn? Lieben wir ihn? Tagsüber verwandelt sich jeder in ihn, abends sitzen in allen Bars und Cafés Journalisten und versuchen, damit ins reine zu kommen. Eichmann ist eine Krankheit geworden. Wie eine hilflose, aus ihrem Netz genommene Hakenkreuzspinne hört er sich den öffentlichen Ankläger an, senkt nur den Blick, wenn er sich die Nase putzt, und es ist deutlich, daß er kaum begreift, was geschieht. Wenn man eine leere SS-Uniform mit einer darüber schwebenden SS-Mütze im Käfig aufstellen würde, so hätte man einen Angeklagten von größerer Wirklichkeit. Als man ihm bei seiner Festnahme in Argentinien eine SS-Mütze aufsetzte, um ihn zu identifizieren, schlug die Stunde der Wahrheit mehr denn jetzt, wenn der atmende, verdauende, niesende Mann im Saal erscheint. Ich habe Leute, die ihn in Konzentrationslagern sahen, gefragt, inwieweit er sich geändert hat. Sie konnten sich nur an eine Mütze, blitzblanke Stulpstiefel und eine viereckige Reithose erinnern.

Während der Sitzung ist er beinahe schon vergessen. Der dicke Saalwächter, der mit unverständlichem Schrei das Erscheinen des Gerichtshofes ankündigt, ist wichtiger als er. Hinter einem von Büchern bedeckten Tisch setzt Gideon Hausner seine technische Beweisführung über die Befugtheit des Gerichtshofes fort. Mit unzähligen Detailpräzedenzien versucht er ein Superpräzedens zu schaffen, durch das ein Angeklagter für Taten verurteilt werden kann, die gesetzlich nicht strafbar waren, als sie begangen wurden. Es dreht sich immer noch um den Angeklagten X: Der Prozeß Eichmann hat immer noch nicht angefangen. Juristen kommen auf ihre Kosten.

Obwohl Hausner die Posen eines brillanten Redners einnimmt – er ist keiner; auch wird er durch die obligatorischen Pausen für die Übersetzung gestört. Er ist gebürtiger Pole, sechsundvierzig Jahre alt und bereits kahlwerdend. Sein Mund ist verbissen, seine blauen Augen sind unter buschigen, hochgezogenen Brauen verborgen; es ist das Gesicht eines Mannes, der sich etwas vorgenommen hat. Eichmann sieht er nur selten an. Begegnet er dessen Blick, so schlägt er die Augen nieder. Auf vieren seiner Fingerspitzen kleben Pflästerchen.

Richter Moshe Landau betrachtet Eichmann wie irgendjemanden im Saal. Es kommt nicht oft vor. Er ist neunundvierzig, sieht aber wie sechzig aus. Jeder, auch die Verteidigung, bewundert ihn ohne Vorbehalt. Wenn eines über jeden Zweifel erhaben ist, so die Tatsache, daß er den Prozeß fair leiten wird. Sein Schweigen, indem er Hausner und Servatius anhört, sein Kinnstreicheln, seine freundlichen Unterbrechungen und Belehrungen werden Eichmann heftiger treffen als Hausners ausgestreckter Zeigefinger – wenn etwas ihn treffen könnte, was nicht der Fall ist.

Richter Benjamin Halevi, ebenfalls in Deutschland geboren, wirkt jünger als einundfünfzig. Er hat dichtes graues Haar, kalte Augen und einen kalten Mund. Regelmäßig wendet er etwas ein, im Gegensatz zu Richter Yitzhak Raveh, der zuweilen den Eindruck erweckt, einzuschlafen. Sogar ein Ausländer hört den deutschen Akzent aus dem Hebräisch aller Richter heraus.

Als Hausner gegen Ende des Vormittags endlich fertig ist, hat Servatius noch das Recht einer Erwiderung. Er sagt, daß Eichmann, von seinem Nazi-Eid befreit, ein friedlicher Bürger geworden sei – und eine verblüffte Unruhe geht durch den Saal; ja es erklingen sogar schüchterne Pfiffe. Landau blickt kurz auf, und es wird sofort still. Zehn Reporter verlassen den Saal, um die Bemerkung in die Welt hinauszuposaunen. Die zwei Geheimpolizisten, die in hellblauen Anzügen auf der Bühne sitzen und alles notieren, was im Saal geschieht, werden aufmerksamer. Eichmann gibt kein Zeichen der Erregung von sich.

Samstag, 15. April. Als ich abends heimkomme, steht im Dunkeln auf dem Rasen ein Mann, der mir mit dem Blick folgt, bis ich drinnen bin. Im Vestibül des bunkerhaften Nebengebäudes unter den Palmen steht wieder ein Mann im Dunkel: Er hat seine Rechte in der Manteltasche. Er erkennt mich, und wünscht mir Gute Nacht. Es sind die Leibwächter von Servatius, der im Zimmer nebenan schläft.

Während ich dieses gerade in der kleinen Halle schreibe, sitzt Servatius hinter mir beim Essen und läßt sich dabei von einem amerikanischen Journalisten interviewen. Sein Assistent sitzt an meinem Tisch und unterhält sich mit einem niederländischen Berichterstatter, einem Israeli und dem Wirt. Er ist neunundzwanzig, heißt Wechtenbruch, hat kurzgeschnittenes Haar und ist weniger freundlich als intelligent. Seit Monaten hat er täglich mindestens drei Stunden mit Eichmann gesprochen und sagt, es sei der gewöhnlichste Mann, den man sich vorstellen könne: »unerlaubt normal«. Eine Million anderer hätten an seiner Stelle genauso gehandelt. Ein britischer Fernsehkameramann glaubt, das deutsche Volk in Schutz nehmen zu müssen, aber Wechtenbruch sagt, es sei »leider wahr«.

An der Bar erzählt die Sekretärin von Servatius einem Richter aus Milwaukee und einem italienischen Reporter Eichmann--Anekdoten. Ich schnappe auf, daß er darum gebeten habe, sich aufhängen zu dürfen. Daß er einmal bei einem Stierkampf ohnmächtig geworden sei. Daß er bei seiner Überführung nach Jerusalem um einen Taschenspiegel gebeten habe, da er sich ein Jahr lang nicht betrachtet habe.

Sonntag, 16. April. Den ganzen Tag gehen die Diskussionen über die Befugtheit des Gerichtshofes weiter, in der Halle, auf dem Rasen in der Sonne, unter den Palmen. Die meisten hoffen auf einen negativen Entscheid, was für alle, und besonders für Israel, das Beste wäre. Dann könnte die Auslieferung an Polen erfolgen, ein zehntägiger Prozeß und innerhalb von vierundzwanzig Stunden der Galgen, das Gesicht Auschwitz zugewandt.

Doch in einer niederländischen Zeitschrift lese ich, daß ein berühmter Pastor bei einer Versammlung in Amsterdam gesagt hat: »Eichmann ist der zum Unmenschen gewordene Mensch, ein Phänomen absoluter Gottlosigkeit und Unmenschlichkeit.« Wäre es nur so einfach! Dieser Ausspruch ist genauso gläubig wie fatal. Wenn wir *etwas* gegen Eichmann anführen können, so bestimmt nicht den Glauben – *er* glaubte: an den Führer, an die Endlösung, an die Juden und an wer weiß was noch alles –, sondern den Zweifel. Eben den Zweifel an jeglicher »Absolutheit«, auch an absoluter Gottlosigkeit. Eichmann selbst wäre sehr erbaut über die Worte des Pastors.

Nachmittags mit dem Jaguar zum grasigen Tal von Elah, wo David Goliath erschlug – nach acht Tagen Sonnenschein sind alle Blumen schon fast verdorrt –, abends hinein ins Jerusalemer Leben. Obwohl die viertausendjährige Stadt eine der ältesten auf Erden ist, schon in Hieroglyphen und Keilschrift erwähnt, ist sie noch immer eine Art Haarlem: provinziell, aber gerade etwas zu groß für absolute Langeweile. Eine ideale Stadt zum Arbeiten. Sie besitzt die Anödung jeder Stadt, in der eine Regierung ihren Sitz hat, hier noch vermehrt durch den aufreibenden Einfluß des religiösen Bevölkerungsteils. Fürchterlich ist der Mangel an Caféterrassen. In Tel Aviv scheint alles anders zu sein; man munkelt sogar, daß dort am Schabbes von Baalsdienern gesteuerte Omnibusse fahren. Allerdings bietet Jerusalem geschworenen Sonntagsfeinden ungeahnte Möglichkeiten. Vorgestern sprach ich mit einem niederländischen Major vom UNO-Kontingent; freitags, dem mohammedanischen Ruhetag, kommt dieser beneidenswerte Mann mit seinem weißen Jeep in die jüdische Stadt, samstags fährt er in die arabische – so hat er es jahrelang verstanden, dem Sonntag zu entgehen –, von Neuheiten wie dem *Sonntag* hat hier natürlich niemand etwas gehört.

Im Stadtinnern bilden drei Hauptstraßen ein gleichschenkliges Dreieck, innerhalb dessen sich das Stadtleben abspielt. Es gibt dort eine ausgezeichnete Bar, in der ein niederländischer Gast in nicht ganz akzentfreiem Holländisch begrüßt wird, ebenso wie ein Russe auf Russisch, und wo man von betrunkenen englischen

Journalisten die köstlichsten Schimpfwörter lernen kann; es gibt Taxistände und das arabische Restaurant, Läden, Pantoffelparaden, den dunklen Jazz-Keller voller Künstler, Espresso-Bars und das italienische Restaurant, das noch teurer ist als alles andere im teuersten Land der Welt. Diese Kostspieligkeit spiegelt sich in einem angenehmen und völligen Mangel an Reichtum wieder, der dennoch keine Armut ist. Es ist die Stimmung eines kommunistischen Landes, freilich ohne den Zwang, der in der DDR, Tschechoslowakei und Rumänien das Leben vergiftet. Es herrscht, kurzum, die denkbar angenehmste Stimmung, die vermutlich heutzutage nur noch in Kuba zu finden ist. Aber auch hier wird sicher eines Tages der Wohlstand seinen Einzug halten. Wann wird ein Politiker sich einmal *gegen* den Wohlstand einsetzen? Und das nicht nur vorübergehend, um größeren Wohlstand zu versprechen, sondern ein für allemal, weil er menschenunwürdig ist – ebenso wie die Armut.

Montag, 17. April. Bei der Eröffnung der Sitzung erklärt Landau kurz, daß der Gerichtshof befugt ist. Damit ist der Prozeß X beendet, und der Prozeß Eichmann hat angefangen. Was die Voreingenommenheit der Richter betrifft, so sagt er, daß sie auf dem Richterstuhl zwar nicht aufhören Menschen aus Fleisch und Blut mit menschlichen Gefühlen zu sein, daß es aber *stets* ihre Aufgabe ist, ihre Gefühle zu unterdrücken, weil ein Richter sonst niemals ein Urteil fällen könne. Unmittelbar darauf bittet er Eichmann, sich zu erheben – und dann entwickelt sich folgender Dialog:

»Haben Sie die Anklage am ersten Tag dieses Prozesses gehört?«

»Jawohl.«

»Sind Sie in bezug auf den ersten Punkt schuldig oder nicht schuldig?«

»Im Sinne der Anklage nicht schuldig.«

»Sind Sie in bezug auf den zweiten Punkt schuldig oder nicht schuldig?«

»Im Sinne der Anklage nicht schuldig.«

»Sind Sie in bezug auf den dritten Punkt schuldig oder nicht schuldig?«

»Im Sinne der Anklage nicht schuldig.«

»Sind Sie in bezug auf den vierten Punkt schuldig oder nicht schuldig?«

»Im Sinne der Anklage nicht schuldig.«

»Sind Sie in bezug auf den fünften Punkt schuldig oder nicht schuldig?«

»Im Sinne der Anklage nicht schuldig.«

»Sind Sie in bezug auf den sechsten Punkt schuldig oder nicht schuldig?«

»Im Sinne der Anklage nicht schuldig.«

»Sind Sie in bezug auf den siebten Punkt schuldig oder nicht schuldig?«

»Im Sinne der Anklage nicht schuldig.«

»Sind Sie in bezug auf den achten Punkt schuldig oder nicht schuldig?«

»Im Sinne der Anklage nicht schuldig.«

»Sind Sie in bezug auf den neunten Punkt schuldig oder nicht schuldig?«

»Im Sinne der Anklage nicht schuldig.«

»Sind Sie in bezug auf den zehnten Punkt schuldig oder nicht schuldig?«

»Im Sinne der Anklage nicht schuldig.«

»Sind Sie in bezug auf den elften Punkt schuldig oder nicht schuldig?«

»Im Sinne der Anklage nicht schuldig.«

»Sind Sie in bezug auf den zwölften Punkt schuldig oder nicht schuldig?«

»Im Sinne der Anklage nicht schuldig.«

»Sind Sie in bezug auf den dreizehnten Punkt schuldig oder nicht schuldig?«

»Im Sinne der Anklage nicht schuldig.«

»Sind Sie in bezug auf den vierzehnten Punkt schuldig oder nicht schuldig?«

»Im Sinne der Anklage nicht schuldig.«

»Sind Sie in bezug auf den fünfzehnten Punkt schuldig oder nicht schuldig?«

»Im Sinne der Anklage nicht schuldig.«

Der Saal hörte atemlos zu. Weder das Gesicht des einen noch des anderen verriet die geringste Gemütsbewegung. Eichmann sprach leise und stets routinierter. Jeder hoffte, daß er wenigstens einmal »schuldig« sagen würde. (Als ich während der Verschiebung der Sitzung zu einer Journalistin sagte, was für eine Erleichterung das für uns und die Welt gewesen wäre, erwiderte sie: »Vergessen Sie nicht, daß er Kinder hat.«)

Dann steht Gideon Hausner auf, um sich den ganzen Tag nicht mehr zu setzen. Er redet den Gerichtshof mit »Richter in Israel« an und ruft die sechs Millionen Toten auf, um durch seinen Mund zu sprechen. Er spricht über Pharao und Haman, sagt, daß die schrecklichsten Taten von Nero, Attila und Dschingis-Khan neben den Vernichtungsgreueln, die in diesem Prozeß aufgezeigt werden, verblassen. Ich finde nicht, daß er im Geiste Eichmanns sprechen soll, und werfe schnell einen Blick zu dem Mann im Terrarium. Keine Gemütsbewegung verleiht seinem Gesicht Sinn – aber so wahr ich hier stehe, ich weiß, daß er sich geschmeichelt fühlt: er ist lieber schrecklicher als Dschingis-Khan denn öffentlicher Angeklagter in der Strafsache 40/61, wie die offizielle Bezeichnung lautet. Hausner drückt sich treffender aus, als er danach über die modernen Mörder spricht, die ihren Schreibtisch nie verlassen, und sagt, daß er nur einen einzigen Fall mit Sicherheit kenne, bei dem Eichmann eigenhändig gemordet hat: als er in Budapest einen jüdischen Jungen zu Tode prügelte, der einige Früchte vom Pfirsichbaum seines Gartens gestohlen hatte. Dem Saal läuft es nun kälter über den Rücken als bei der Erwähnung der abstrakten, allmählich halb mystisch gewordenen Zahl 6 000 000. Hausner beweist noch nicht, er skizziert nur die Hintergründe. Er bezweifelt, ebensowenig wie es in Nürnberg der Fall gewesen ist, daß dieser Prozeß die Wurzeln des Übels völlig aufdecken wird; »es wird Historikern, Soziologen, Schriftstellern und Psychologen vorbehalten sein, der Welt zu erklären, was ihr angetan wurde«, sagt er. Er glaubt offensichtlich noch an eine »Erklärung«, während er gleichzeitig über das »Durchbrechen des Fensters der menschlichen Logik« spricht. Hinter dieser Wirklichkeit gibt es keine Erklärung mehr. Sie ist selbst Erklärung: dessen, was der Mensch ist. Sie ist selbst das bisher letzte Wort. Er spricht über die Wirkung Hitlers auf seine Umgebung, zitiert Goethe hinsichtlich der »dämonischen Persönlichkeit« und ergeht sich über die Quellen des Antisemitismus. Etwas Neues fügt er allem, was darüber bereits gesagt worden ist, kaum hinzu. Aber das ist wahrscheinlich auch nicht seine Absicht; seine Absicht ist:

Verkünden, der Welt ein Gedächtnis geben. Am Schluß seiner Einleitung zitiert er Hitlers Testament, in dem dieser einige Tage vor seinem Tod, als die russischen Kanonen bereits in seinem Berliner Bunker zu hören waren, es dem deutschen Volk zur Pflicht machte, die Rassengesetze auch weiterhin peinlich genau einzuhalten und dem »Weltvergifter« aller Völker unerbittlich Widerstand zu leisten: dem internationalen Judentum.

Danach berichtet Hausner von der Konstruktion des Terrorapparates, den ich bereits erwähnt habe; ich habe seinerzeit beim Jahre 1938 aufgehört. Bei Kriegsausbruch 1939 teilte Himmler seine SS in zwölf Hauptämter ein. Eines davon war das Reichssicherheitshauptamt (RSHA) unter Heydrich; in dieser Zentrale, die bald ganz Europa überwachte und überall in der Welt Agenten hatte, wurden alle Polizei- und Nachrichtendienste organisiert. Da Hitler sich von da an fast ausschließlich mit der Kriegsführung befaßte, wuchs Himmlers und Heydrichs Macht ins Unermeßliche. Das RSHA hatte sieben Büros; eines davon war der SD, der im Krieg bereits zweihunderttausend Beamte umfaßte. Eine Sonderabteilung des SD bespitzelte den Spionagedienst der Wehrmacht, die Abwehr unter Canaris. Büro IV war das Geheime Staatspolizei-Amt, die Gestapa, unter Leitung von SS-Gruppenführer Heinrich Müller, Eichmanns unmittelbarem Vorgesetzten. Abteilung IV B war die Gestapo; Unterabteilung IV B 1 widmete sich den katholischen Angelegenheiten, IV B 2 den protestantischen, IV B 3 allerlei Religionssekten und IV B 4 den jüdischen Angelegenheiten. Dessen Leitung wurde Eichmann anvertraut. Es war ein gerissener Zug Heydrichs, dieses gigantische Büro, das bald in ein eigenes Gebäude ziehen mußte, verwaltungsmäßig als unbedeutende Unterabteilung zu bezeichnen. Wer nahm an, daß eine solche Unterabteilung, IV B 4, die Vernichtung von Millionen leitete? Gleichzeitig schuf diese Verborgenheit für Eichmann die Möglichkeit, so gut wie anonym zu arbeiten. Es ist zum Beispiel möglich, daß nicht einmal Goebbels seinen Namen kannte. Sein Rang war aus demselben Grund nie höher als der eines Obersturmbannführers (Oberstleutnant), aber seine Macht war größer als die von Ministern, Reichskommissaren oder Wehrmachtsgeneralen.

Zum Schluß dieses Paragraphen geht Hausner ausführlich auf das wichtigste Machtmittel der SS ein: die Konzentrationslager – und wie diese bewußt zur völligen Abstumpfung des Menschen angelegt waren, sei es durch Hunger, sei es durch Folterungen, sei es durch unablässige Bilder der Hinrichtung. Es kam vor, daß jemand im Nähzimmer zufällig die Kleider seiner getöteten Frau oder seiner getöteten Kinder überreicht bekam, um den Stern abzumachen und die Kugellöcher zu flicken. Kurz blitzten seine Augen auf, aber sofort erloschen sie wieder, er schrie nicht auf, er wurde nicht wahnsinnig, dumpf flickte er die Kleider für eine deutsche Frau und deutsche Kinder weiter.

Was Hausner über Eichmanns Lebenslauf sagt, deckt sich mit dem, was ich bereits schrieb. Er spricht über seine abwechselnd brutalen und einschmeichelnden Methoden den österreichischen und tschechischen Juden gegenüber. Als er erzählt, wie Eichmann einmal den Führer der Wiener Juden ins Gesicht geschlagen hat, ergreift der unbewegliche Mann im Käfig einen Zettel und kritzelt etwas darauf.

Stundenlang setzt Hausner seine ersten Erkundungen des Gebietes fort, dessen Erforschung voraussichtlich Monate in Anspruch nehmen wird: die Handlungen seiner Vertreter, die Eichmann nach Kroatien, Griechenland, Dänemark, Rußland, in die Niederlande, Bulgarien, Luxemburg und zahllose andere Länder schickt, die Art, wie er persönlich als Großmeister der Vernichtung an der Spitze einer Elitehorde von Banditen 1944 in Ungarn erscheint und innerhalb von neun Monaten fast eine halbe Million Juden in die Gaskammern schleppt. Es war zu erwarten, daß Hausner besonders hierauf großen Nachdruck legen würde, denn in diesem Falle kann sich Eichmann nicht auf das traditionelle »Befehl ist Befehl« berufen. Im Gegenteil. Im Oktober befahl ihm Himmler, die Deportationen einzustellen. Sogar der Reichsführer SS erkannte damals, daß der Krieg ein schlimmes Ende nehmen würde; und weil er sich einbildete, daß die Alliierten mit ihm, aber nicht mit Hitler zu verhandeln bereit wären, versuchte er, die Spuren zu verwischen, wo er nur konnte. Damals deportierte Eichmann die Juden gegen Himmlers Befehle: vollgestopfte Güterzüge, neunzig Juden pro Wagen – an jedem Knotenpunkt wurden die Gestorbenen ausgeladen und die Wahnsinniggewordenen erschossen – und schließlich zu Fuß: Totenmärsche, wie sie die Welt noch nicht erlebt hatte. Auschwitzkommandant Höß nannte sie unmenschlich.

Und als Hausner endlich berichtet, daß Eichmann neben diesen Großaktionen noch Zeit fand, diesem oder jenem besonderen

Juden die Auswanderung unmöglich zu machen, starrt jeder nur noch entsetzt den Mann im dunklen Anzug an. Ist es derselbe? Niemand kann es zu sich durchdringen lassen. Unbeweglich, nur dann und wann einen Finger seiner gefalteten Hände rührend, hört er zu.

Es dreht sich jetzt um die Endlösung der Judenfrage, das heißt um die Ermordung aller Juden, zu der am 20. Januar 1942 der Entschluß gefaßt und mit deren Leitung Eichmann beauftragt wurde, wobei zwischen ihm und Hitler nur Heydrich und Himmler standen. Er organisierte die Deportation der Ghettos, bestimmte bei dem polnischen Dorf Auschwitz einen geeigneten Platz für die Konzentrationslager, entschied, welches Gas verwendet werden sollte (Zyklon B, ein Insektenvernichtungsmittel), betrachtet Massenhinrichtungen von Frauen und Kindern in Rußland, sieht zu, wie Hunderte von nackten Juden in die Gaskammern getrieben werden, steht daneben, wenn nach ihrem Tod die Goldzähne aus ihren Kiefern gehackt werden. Die Postkarten, die er sie vorher zu schreiben zwang, läßt er erst Monate später versenden, um Gerüchte über Menschenausrottungen im Keim zu ersticken.

Trotzdem ist auf dem Stuhl neben mir ein Journalist eingeschlafen. Ich verlasse den Sitzungssaal und gehe hinunter, um mir zwischen klappernden Schreibmaschinen die Fernsehsendung anzusehen, während Hausner einen Überblick über die Judenvernichtungen in Polen und Rußland gibt. Aufnahmen von Eichmann wechseln mit denen Hausners und auch Gesichtern aus dem Saal ab. Ich sehe plötzlich, daß manche weinen. Ich sehe auch, wer diese sind, aber nur wir Journalisten sehen es: Es ist ein geschlossener Kreis, in Israel gibt es kein Fernsehen. Dann streift die Kamera den schlafenden Mann, neben dem ich gesessen habe. Sie bleibt daran hängen, als halte sie es nicht für möglich. Dann schaltet das Bild brüsk zum Gesicht des Richters Moshe Landau um. Seinem Gesicht ist nichts abzulesen.

Dienstag, 18. April. Die Soldaten, die als Portiers und Platzanweiser fungieren, tragen heute zum erstenmal ihre Khakisommeruniformen. Es ist warm und Eichmanns Erkältung endlich vorüber; das weiße Taschentuch bleibt heute in seiner linken Innentasche. »Er ist wieder gesund«, sagen wir untereinander.

Mit einer weiteren Betrachtung über die Konzentrationslager und einer Skizze der kulturellen Wunden, die dem jüdischen Volk geschlagen wurden, beschließt Hausner sein grauenhaftes Epos von Vergasung, auseinandergerissenen Kindern, lebendig verbrannten Menschen und Kannibalismus, das genauso nützlich wie tendenziös war. Denn unwillkürlich – weil seine Worte *hier* gesprochen wurden – wird die halbe Welt nun glauben, daß Eichmann der Verantwortliche für das alles war. Daraufhin kann später nur Enttäuschung folgen. Wenn jedoch dieser Prozeß mit einem Kater endet, ist das Unheil nicht abzusehen. Die gesamte Schuld für ziemlich alles wird nun mehr oder weniger bewußt auf Eichmanns kahlwerdendes Haupt gehäuft – einerseits zur Befriedigung von Hausners großem Eifer, der allerdings teilweise auf dem Unwissen eines Menschen beruht, der niemals in seinem Leben einen SS-Mann bei der Arbeit gesehen hat: mit zwölf Jahren, 1927, war er bereits in Israel, andererseits zur Befriedigung des Menschheitsverlangens nach einem deutlichen, einfachen und fürchterlichen Bild. Sie kann nicht mehr an Gott glauben, darum will sie jetzt zumindest an den Teufel glauben. Gleichzeitig entlastet diese Prozedur die anderen Nazis auf unerlaubte Art und Weise. Ich bin überzeugt davon, daß Hausners Methode, die Sache anzupacken, große Zufriedenheit in Deutschland erweckt. Er hat angekündigt, er werde beweisen, daß Eichmann den Plan der Endlösung entworfen hat, ihr Organisator und Vollzieher war. Ich hoffe brennend, daß es ihm gelingen wird – denn wenn es ihm nicht oder nicht ganz gelingt (und Landau ist nicht der Mann, um sich um das Verlangen der Welt zu kümmern: er spricht Recht im Fall Eichmann), so wird die Schuld nicht zu denjenigen zurückkehren, wo sie hingehört, sondern sich verflüchtigen und für immer im Nichts entschwinden. Hausner hätte lieber klein anfangen sollen, dann hätte Eichmanns Schuld zur Freude aller nur größer sein können, als man dachte. Der Mechanismus, den er gewählt hat, aus pädagogischen Erwägungen und außerdem von den Vorveröffentlichungen in der Weltpresse dazu gezwungen, die eine einzige ungeheuerliche Mißachtung des Gerichts darstellen – ist nicht umkehrbar.

Als er sich schließlich hinsetzt, dreht er sich um und betrachtet forschend den Saal. Aber natürlich sucht er niemand: er will sein Gesicht zeigen. Er ist stolz. Auf mich macht es keinen angenehmen Eindruck, obwohl ich mich im allgemeinen auch über die

Eitelkeit anderer amüsiere. Der Saal darf nicht für ihn existieren. Keiner der drei anderen Ankläger hat je in den Saal geschaut, ebensowenig wie Servatius oder Wechtenbruch oder Eichmann selbst. *Wir* sind diejenigen, die zuschauen. Frau Hausner sitzt in der ersten Reihe; sie hat noch keine Sitzung ausgelassen.

Nach der Unterbrechung, als Hausners erste Zeugen erscheinen, womit die Beweisführung beginnt, ist das Haus des Volkes fast wieder so voll wie am ersten Tag. Es bleibt nicht lange so. Nach einigem Suchen kommt ein großer blonder Mann aus dem Saal zur Zeugenbank, setzt sein Käppchen auf und schwört vor Gott, daß er die Wahrheit sprechen wird. Bei dem, was folgt, rentiert es sich nicht einmal zu lügen. Polizeimajor Naftali Bar-Schalom ist der Leiter der Abteilung Dokumentation des Büros 06, und stundenlang redet er über Archive, Urkunden, Protokolle, Abschriften, Photokopien, Mikrofilme, Listen, Kataloge, Buchstaben und Zahlen, irrt sich, wird von Landau verbessert, Landau irrt sich, wird von Bar-Schalom verbessert, und einer nach dem anderen verläßt den Saal. Wer keinen Augenblick eine Spur von Langeweile zeigt, ist Eichmann; übrigens auch keine Spur von Interesse. Die Fragen werden jetzt von dem ebenfalls in Deutschland geborenen öffentlichen Ankläger Gabriel Bach gestellt, der mir verblüffend ähnlich sieht, gleichaltrig mit mir ist, auch von 1938 bis 1940 in Holland wohnte und dieselbe Daumenform hat wie ich. Zweimal bin ich schon an seiner Stelle um ein Interview gebeten worden.

Nachmittags erscheint ein interessanterer Zeuge, sei es auch vorläufig mit weniger interessanten Mitteilungen: Hauptmann Avner Less, der Eichmann fast ein Jahr lang verhörte. Er ist wie Bar-Schalom in Zivil; ich schätze ihn auf Anfang Vierzig, er hat einen gebräunten, fast kahlen Schädel, hinter einer dicken Brille blicken zwei blaue Augen beängstigend scharf in die Welt. Landau fragt ihn, ob der Mann, den er verhört habe, sich augenblicklich im Saal befinde – daraufhin zeigt Less zum Glaskasten. Ich kann einen Lachanfall kaum unterdrücken. Um die Posse zu vervollständigen, sagt Landau zur Stenographin, sie solle notieren, daß Less bestätigt habe, daß Eichmann sich im Saal befinde, woraufhin das Mädchen ziemlich gekränkt nickt, denn Less hat nichts gesagt, sondern nur hingezeigt. Arme Stenographie, denkt sie vermutlich. Der Rest des Nachmittags vergeht wieder mit bibliographischen Feststellungen.

Abends im Garten unterhalte ich mich mit Wechtenbruch, dem Assistenten von Servatius. Auf meine Frage, warum er nachmittags nicht dagewesen sei, antwortete er, daß er nach Hausners Rede dazu nicht mehr imstande gewesen sei. Er war, neben sich einen Klienten, der zumindest ein ekelhafter Kerl ist und die Todesstrafe wahrscheinlich auf alle Fälle verdient, hinter sich eine deutsche Regierung, die sich frech von ihnen distanziert und »nur die Sympathie der Unsympathischsten« im Rücken, dem mörderischen Frontalangriff Hausners nicht gewachsen. Es ist deutlich, daß er sich überlegt, ob er richtig gehandelt hat, um in dieser Sache eine Rolle zu spielen. Aber es sollte doch ein fairer Prozeß sein? Sonst hätte man Eichmann lieber »gleich in Argentinien einen Kopf kürzer machen sollen«. Ich sage, es mache keinen besonders fairen Eindruck, ihn und Servatius allein neben den vier öffentlichen Anklägern sitzen zu sehen, die einen ganzen Polizeiapparat, die Geldmittel eines ganzen Staates und die Billigung der ganzen Welt hinter sich haben und außerdem über vierzig Zeugen verfügen, während ihr Staat sich weigert, Zeugen der Verteidigung freies Geleit zu geben. Ich stelle ihm eine Falle. Lächelnd frage ich, ob die Verteidigung nicht andere Geldquellen habe als die paar lumpigen tausend Dollar von Israel. Meine Anspielung auf neonazistische Organisationen streitet er nicht sehr überzeugend ab; wenn ich nicht so oft aus der Nähe miterlebt hätte, wie sie sich mit lauter kleinen Sparmaßnahmen abplagten, würde ich ihm bestimmt nicht glauben. Er fährt Ende der Woche nach Deutschland, »Nazis schießen«, wie er es nennt: das heißt Zeugen auftreiben. Ich habe den Eindruck, daß es nicht so sehr darum geht, sie herzuholen, als Hausner in eine Zwangslage zu bringen. Übrigens ist er sehr gut auf Hausner zu sprechen. Unaufgefordert ist dieser zu ihm gekommen und hat gesagt, er könne jederzeit bei ihm Dokumentationsmaterial holen.

Während wir uns den Whisky schmecken lassen, erzählt er von Eichmanns unvorstellbarem Gedächtnis für Essen. Sogar von Diners, zu denen er am Anfang seiner SS-Zeit 1934, 1935 eingeladen wurde, kann er noch genau berichten, welche Suppe, welches Fleisch es gab und ob der Nachtisch aus Obst oder Kuchen bestand. Wenn es sich dagegen um deportierte Juden handelt, erklärt er: »Hundertfünfzig- oder zweihundertfünfzigtausend, daran kann ich mich nicht mehr genau erinnern. Es ist schon zu lange her.«

Dann gehen wir ins Haus. In Jerusalem werden die Abende schnell kühl.

Mittwoch, 19. April. Less hat offensichtlich einen Wink bekommen: heute steht er uniformiert, mit vorschriftsmäßig aufgekrempelten Ärmeln, in der Zeugenbank. Auch der dicke alte Saalwächter hat endlich seinen blauen *battledress* gegen eine Khakisommeruniform ausgetauscht. Tag für Tag stellt er sich fünf Minuten vor dem offiziellen Ende der Sitzung an der Tür auf, um auf ein Zeichen Landaus hin seinen wilden Schrei auszustoßen: *»Beit Mishpat«*, was, wie ich mich belehren ließ, »Der Gerichtshof« heißt. Wenn die Zeit überschritten wird, bewölkt sich sein schielendes Gesicht zusehends. Sonst hat er offensichtlich keinerlei Verbindung mit dem Gesprochenen, nur mit dem Summer hinter seinem Kopf. Wenn es summt, springt er von seinem Stuhl auf und begibt sich in schnellem Hoppelgang zu Landau, wobei er zwei Stufen erklettern muß. Es sind Wetten abgeschlossen worden, wann er wohl über eine stolpert.

Heute haben wir außerdem zum erstenmal ausführlich Eichmanns Stimme gehört, sei es auch nicht aus seinem eigenen Mund. Die Sichtbarwerdung findet in Etappen statt. Den ganzen Vormittag lang ließ Hausner Fragmente der von Less geführten Verhöre Eichmanns abspielen. Als die Sitzung bis Freitag vertagt wird, spaltet sich der Saal in drei Gruppen: in diejenigen, die an Eichmanns Dschingis-Khan-Schuld zu zweifeln beginnen, diejenigen, die glauben, daß er lügt, und diejenigen, die überhaupt nichts meinen, sondern einfach das berichten, was sie hören.

Die Tonwiedergabe ist schlecht und manchmal sogar unverständlich. Der Soldat, der mit fachmännisch verzogenem Gesicht an den Knöpfen herumfummelt, hat eine blaue Auschwitznummer auf der Haut seines Armes. Auffallend ist Eichmanns stark österreichischer Akzent, aber eine gewisse preußische Abgehacktheit hat ihm das Singende genommen. Das R wird gerollt, ebenso wie beim Österreicher Hitler und dem Süddeutschen Himmler. Er hebt nie die Stimme: zögernd, suchend, oft von vorne anfangend, tastet sie sich weiter. Häufig verfällt sie in kaum hörbares Gemurmel, das manchmal in lange Stille übergeht. In solchen Augenblicken sitzen wir in seltsamer Stimmung beisammen: die Richter, die Journalisten, die Verteidiger, die Ankläger und Eichmann. Wir betrachten uns gegenseitig, und im Saal ist nur das Zwitschern der Vögel zu hören, die vor einem Jahr rings um das ehemalige englische Polizeifort bei Haifa sangen. Einmal kommt unbekümmertes Flöten näher, und eine Tür schlägt. Moshe Landau schaut verstimmt in den Saal, lächelt aber plötzlich und nickt. Es war ja vor einem Jahr.

Eichmann erzählt, gespickt mit höflichen »Jawohl, Herr Hauptmann«, »Bitte, Herr Hauptmann«, daß Heydrich ihn kurz nach Kriegsausbruch mit Rußland unterrichtete: »Der Führer hat die physische Vernichtung der Juden befohlen.« (Der Befehl zur Ausrottung der Juden ist von Hitler niemals schriftlich niedergelegt worden: Er gelangte auf unerklärte Weise aus dem Nichts zu Göring, zumindest sagte Göring, es sei ein Führerbefehl, als er ihn an Heydrich durchgab; natürlich war er das auch.) Eichmann sagt, daß er es anfänglich kaum fassen konnte und jedes Interesse an seiner Arbeit verlor.

Auf der Wannsee-Konferenz wurde die Angelegenheit kurze Zeit später endgültig verabredet und geregelt. Hausner, der heute beim Friseur gewesen ist, behauptet, beweisen zu können, daß Eichmann an jenem berüchtigten 20. Januar 1942 der große Mann war. Eichmann sagt, daß er als Fachmann für das Transportwesen zugegen sein mußte. Mit Anweisungen, wer vergast, ob vergast werden sollte, ob man damit aufhören mußte und konnte, ob es intensiviert werden sollte, hatte er nach seinen Worten – schnell und leise – »nie, nie, nie« etwas zu tun, einerlei, was die Presse schreiben mochte. Von der Konferenz selbst, deren Folge Millionen Tote waren, gibt er folgende authentische Schilderung: »Ich kann mich entsinnen, daß irgendwie der eine oder andere der Anwesenden dann das Wort ergriff, und wie das schon so geht – ich habe zum erstenmal im Leben auf einer solchen Konferenz, an der derart hohe Funktionäre wie Staatssekretäre teilnahmen, teilgenommen –, das geht eben sehr ruhig, sehr freundlich, sehr höflich und sehr artig und nett zu, und es werden nicht viele Worte gemacht, es dauert auch nicht lange, es wird ein Kognak gereicht durch die Ordonnanzen, und dann ist die Sache eben vorbei.«

Wenn er sagt, daß er sich die Vergasungen niemals anzusehen wagte, so stimmt das vermutlich. Zwar hat er sich alles angesehen, was vorher und nachher geschah: das Ausziehen, das Haareschneiden, das Herausmeißeln der Goldzähne und das Entfernen von Edelsteinen aus Aftern und Geschlechtsteilen und schließlich die Verbrennung. Während seine Stimme es erzählt, spielt er, die Augen niedergeschlagen, mit dem Kopftelephon in seinen Händen. Nach solchen Erlebnissen war er stundenlang aufgewühlt. Das braucht noch nicht auf Herzensgüte hinzuweisen – vor allem nicht, da er berichtet, Angst gehabt zu haben, beim Anblick des Sterbens ohnmächtig zu werden, wie es, wie er behauptet, Himmler einmal passiert ist. »Wenn ich heute eine klaffende Schnittwunde bei einem Menschen sehe, dann kann ich nicht zusehen. Ich gehöre zu dieser Kategorie von Menschen, so daß man mir oft sagt, ich hätte kein Arzt werden dürfen. Ich weiß es auch jetzt noch, wie ich mir darunter sofort die Sache bildlich darstellte und daß ich irgendwie auch unsicher in meinem Gehabe wurde. Als ob ich irgendeine aufregende – eine aufregende Sache hinter mir hätte, wie das eben schon mal so vorkommt, daß man nachher wie ein leises inneres Zittern, oder so ähnlich möchte ich es ausdrücken, hat.«

Weniger glaubhaft ist die Art, wie er sich mehrmals nicht an den Namen des Giftgases erinnern kann. »Mit – eh .... (lange Pause, Vogelgezwitscher) eh .... mit – wie heißt dieses ... Zyan-« Less: »Zyankali?« Eichmann: »Zyan – eh...« Less: »Zyankali.« Eichmann: »Zyankali .... oder Säure, wie eine Säure heißt sie ... eh ... Zyankalisäure ...« Vielleicht liegt auch hier irgendeine »Verdrängung« vor; aber Psychologen kommen in diesem Prozeß zum Glück nicht zum Zuge.

So vergeht der ganze Vormittag mit dem Bericht über entsetzliche Ereignisse, die er entsetzlich fand, deren Zeuge er indessen war – und nicht ihr Opfer. Manchmal erzählt er sie auch entsetzlich, wie etwa die Geschichte vom Massengrab in Rußland, aus dem ein Blutstrahl sprudelte.

Kurz vor Deutschlands Zusammenbruch, so erzählt er, ließen sich seine Kollegen von der Gestapo falsche Kennkarten machen, aus denen hervorging, daß sie während des Krieges Versicherungsagenten waren. Er jedoch lehnte das ab. Er würde sich lieber eine Kugel durch den Kopf gejagt haben, als sich falscher Papiere zu bedienen. Das gilt offensichtlich nicht für falsche Paiere auf den Namen Ricardo Klement, mit denen man nach Argentinien auswandert. Trotzdem möchte ich daraus nicht ohne weiteres schließen, daß er 'also' ein pathetischer Lügner ist. Wenn der Mensch so einfach wäre, würden wir bald mit ihm fertig sein. Ich beginne allmählich den berüchtigten Ausspruch zu seinem Mitarbeiter Wisliceny mit anderen Augen zu betrachten: daß er lächelnd in sein Grab springen würde in der Erkenntnis, fünf Millionen Juden auf dem Gewissen zu haben. Vor allem auf diesem zweifellos authentischen Satz ist das Satansbild aufgebaut. Aber es handelt sich natürlich auch um Prahlerei unter Freunden. Wenn die Weltpresse bei irgendeinem Anlaß veröffentlichen würde, was ich alles zu meinen Freunden gesagt habe, und vor allem, worüber wir *gelacht* haben, so würde die Menschheit ebenfalls erblassen.

Dieselbe menschliche Vielschichtigkeit, ebensoviel Lüge wie Aufrichtigkeit, muß man aus der Erklärung heraushören, die er voriges Jahr Less gegenüber machte:

»Innerlich bin ich längst zu dieser Generalaussage bereit, nur wußte ich nicht, wohin mich das Schicksal zu dieser Aussage stellen wird. Schon im Jänner dieses Jahres (1960; also vor seiner Festnahme) wurde mir gesagt, daß ich dieses Jahr vor Gericht stehen werde. Genauso wie man mir sagte, daß ich das 56. Lebensjahr nicht überleben werde. Das eine ist bereits eingetreten und das andere – glaube ich – unverrückbar. Dieses mein Wissen alleine schon gibt mir eine restlose innere Bereitschaft, freiwillig von mir aus auch ohne Rücksicht auf meine eigene Person, die mir gar nicht mehr wichtig ist, alles, was ich weiß, von mir zu geben. Ich war mein ganzes Leben an Gehorsam gewöhnt gewesen, von der Kinderstube angefangen bis zum 8. Mai 1945, ein Gehorsam, der sich in den Jahren der Zugehörigkeit zur SS zum Kadavergehorsam, zum bedingungslosen Gehorsam entwickelte. Was auch hätte Ungehorsam mir eingetragen? Und wem wäre er dienlich gewesen? Planendes, Grundsätzliches, Entscheidendes an dem Geschehen von 1935 bis 1945 stand mir zu keinem Zeitpunkt während dieser zehn Jahre zu. Dazu war ich dienstgrad- und dienststellungsmäßig in einer viel zu niederen Position. Trotz allem weiß ich natürlich, daß ich meine Hände nicht in Unschuld waschen kann, weil die Tatsache, daß ich ein absoluter Befehle-Empfänger war, heute sicherlich nichts mehr bedeutet. Diejenigen, die planten, entschieden, anordneten und befahlen, haben sich durch Selbstmord der Verantwortung billig entzogen. Andere, welche zu diesem Kreis gehörten, sind tot oder nicht gegenwärtig. Obgleich an meinen Händen kein Blut klebt, werde ich sicherlich der Beihilfe zum Mord schuldig gesprochen werden.

Aber wie dem auch sei, ich bin innerlich bereit, auch persönlich für das furchtbare Geschehen zu sühnen, und ich weiß, daß mir die Todesstrafe bevorsteht. Ich bitte auch gar nicht um Gnade, denn es steht mir nicht zu. Ja, wenn es einen größeren Akt der Sühneleistung bedeutet, bin ich bereit, als abschreckendes Beispiel für alle, wie letzte Vorkommnisse bekundeten, Antisemiten der Länder dieser Erde, mich selbst öffentlich zu erhängen. Man lasse mich vorher noch ein Buch über das Entsetzliche als Warnung und Abschreckung für diese gegenwärtige und kommende Jugend schreiben, und dann soll sich mein Erdenleben beenden.«

Man kann dagegen vieles einwenden. Daß er sich einerseits drückt, andererseits den Märtyrer spielen möchte. Daß er nach seiner Verhaftung bereit ist, freiwillig zu sprechen. Daß er vom Schicksal faselt und offensichtlich zu Wahrsagerinnen geht. Daß er einen Unterschied zwischen Befehlsgebern und Befehlsempfängern macht, während diese eine Ehe bilden und 'eins' sind. Auch kann man sich fragen, wie er gesprochen hätte, wenn Deutschland den Krieg gewonnen hätte. Wäre er in ein Kloster eingetreten wie der Pilot des Hiroshima-Flugzeuges – der auch nur einen Befehl ausführte – oder wäre er inzwischen zum Obergruppenführer befördert worden und gerade damit beschäftigt, das niederländische Volk nach Rußland zu deportieren, wie Hitler es beabsichtigte?

Es ist jedoch Unsinn, der Wahrheit mit Möglichkeiten näherkommen zu wollen. Kein SS-General hat seinen Sitz in der Kurfürstenstraße von Berlin, und ebensowenig steht einer der Millionen anderer, die nach Wechtenbruchs Meinung dasselbe wie Eichmann hätten tun können, vor Gericht. Deutschland hat den Krieg verloren, und Eichmann steht vor Gericht: das ist ein für allemal so und unwiderruflich. Aber genauso unwiderruflich ist sein Ton, der sich aus allen Verschwommenheiten heraushören läßt. Generalfeldmarschall Keitel bat in Nürnberg um die ehrenvolle Kugel anstatt des schmählichen Strangs. Da sprach noch der Soldat, das war noch Verlogenheit. Wer aber darum bittet, sich selbst öffentlich erhängen zu dürfen, befindet sich auf dem tiefsten Grunde der Wirklichkeit.

Donnerstag, 20. April. Gestern abend begann der Unabhängigkeitstag. Vom Dach aus das Feuerwerk über Jerusalem betrachtet. Servatius war mit seiner Leibwache auch auf dem Dach. Im anderen Stadtteil, in Jordanien, knirschten die Araber wahrscheinlich mit den Zähnen.

Heute zur großen Parade, gegen die die Jordanier bei der UNO protestiert haben. Unter Zehntausenden in der brüllenden Sonne auf der Tribüne außerhalb der Stadt. Schönster Augenblick: als Präsident Ben Zwi eingetroffen war und sein leerer Wagen, von Soldaten mit wehenden Fahnen auf galoppierenden Pferden eskortiert, vorbeifuhr. Der Präsident ist ein Symbol, darum ist sein leerer Wagen ein stärkeres Symbol – die weißen Pferde schnaubten in der Sonne Jerusalems, und in diesem Schnauben verstummte das Rattern der Totenzüge und das Heulen der Krematorien, so daß mir Tränen in die Augen traten. Was für ein Volk! Was für eine Geschichte!

Allerschönster Augenblick: als Ministerpräsident Ben Gurion eintraf, eskortiert von Motorrädern, während das letzte Auto des Zuges ein Taxi war, in dem eine durch irgendeinen verkehrstechnischen Irrtum im Defilé gelandete Familie saß, für die es zwischen den Menschenmauern kein Entkommen mehr gab. Der Beifall für die zitternde Familie und den leichenblassen Chauffeur übertönte den für den Staatsgründer.

Denn eben für diese Familie geschieht es! Da erscheint ihre englisch gedrillte Armee mit gestreckt schwenkenden Armen, Mädchen mit Maschinenpistolen, das Barett in die Stirn gezogen, da rasseln ihre Tanks heran – dürfen sie bitte endlich ein Heer haben? Und kaum einer der Soldaten sieht 'jüdisch' aus. Es könnte auch die ägyptische, französische oder polnische Armee sein. Von den Zeichen der Verstreutheit wird keine Spur zurückbleiben – ebensowenig wie in den Zeiten des Sozialismus eine Spur vom Proletarier zurückblieb. Es wird sogar der Tag kommen, da wir wieder von den Juden sagen dürfen, daß sie etwas Schändliches getan, etwa ein arabisches Dorf niedergemetzelt und angesteckt haben, zum Beispiel Kfar-Kassem – erst wenn der Tag kommt, werden wir über sie wie über andere Menschen sprechen, die gut und schlecht sind, nicht aber eines von beiden: kurzum wie über andere Menschen. Und erst dann werden auch wir selbst keine Antisemiten oder Philosemiten mehr sein, sondern ebenfalls wie andere Menschen.

Freitag, 21. April. Ich weiß nicht, ob jemand einen Prozeß bereits als Kunstschöpfung betrachtet hat. Ein ebenso unsichtbares wie unwiderrufliches Etwas, das der Richter Stück für Stück aus dem Material aufbaut, das Ankläger und Verteidiger zusammentragen. Manchmal lehnt er etwas ab, manchmal bittet er um etwas anderes, prüft, untersucht, fährt sich mit weißer Hand über den Mund, denkt nach, erwägt Paragraphen, wendet Gesetze an, erinnert sich an Urteile, langsam wächst dieses Etwas. Inzwischen sitzt ein Mensch in einer Glaszelle, den er kaum ansieht, an den er kaum denkt – er betrachtet Dokumente, starrt die Decke an, vergleicht Auffassungen, entscheidet, teilt Noten aus. So wächst dieses Etwas. Wenn es vollendet ist, wird der Mann in der Glaszelle umfallen oder stehenbleiben. Sogar während der nüchternsten Sitzungen spüre ich, wie dieser fanatische, unbarmherzige Prozeß wirkt.

Der ganze Vormittag war wieder dem Abspielen von Eichmanns Gesprächen mit Less gewidmet. Ich höre nicht mehr zu, ein wertvolles Geschenk der israelischen Polizei hat das überflüssig gemacht. Sechs blaue aus viertausend Photokopien getippter Seiten bestehende Folianten: sämtliche Verhöre vom 29. Mai bis zum 29. Dezember 1960. Alle Veränderungen der wörtlichen Niederschrift sind durch Eichmann gebilligt, die Seiten sind mit seinen Paragraphen besät: in den ersten Tagen ein mehr oder weniger deutliches *ei* oder *eic,* das sich allmählich in ein boshaftes Zeichen, eine Art spitzes *D*, verwandelt. Außerdem ist jede Seite für sich paraphiert, auch von Less, während Eichmann am Ende jeden Tonbandes seinen Namen voll ausschreibt, um zu bestätigen, daß er den Text eigenhändig korrigiert hat. Ich werde noch öfter darauf zurückkommen; das Material, um das es mir geht, ist darin enthalten, der weitere Verlauf des Prozesses wird voraussichtlich nur wenig hinzufügen.

Jetzt *betrachte* ich lieber Less und Eichmann. Von Kreisen der Anklage erfahre ich, daß es Eichmann körperlich schlecht ging, wenn Less einen Tag lang nicht erschien. Auch wer nicht Katholik oder Freudianer ist, fühlt das Band zwischen beiden Männern: Eichmann ganz links auf der Bühne, Less ganz rechts. Auf der Bühne ... Ich wüßte so schnell keine tragischere Situation. Zwei Männer – der eine hält den anderen gefangen, zufällig ist er seinerzeit nicht vom anderen zur Schlachtbank geführt worden. Sie sprechen, unter Voraussetzung dieses außergewöhnlichen Kontakts, seit einem Dreivierteljahr täglich stundenlang miteinander. Dann entsteht etwas, das natürlich nie mit einem Wort gestreift wird – aber sie träumen voneinander, so wie wir augenblicklich hier alle von Eichmann träumen. Tagsüber versuchen sie, sich gegenseitig zu fangen, zu überlisten, zu schmeicheln, einander tüchtig zuzusetzen – aber sie sind nie mehr ohne einander.

Und nun sehen sie sich auf der Bühne wieder, zwischen ihnen ein Ankläger und ein Richter. Sie wußten, daß dies einmal der Fall sein würde. Beschämung erfüllt Less, Vorwurf Eichmann – nein, weder Beschämung noch Vorwurf: Dann und wann schauen sie sich an. Es ist entsetzlich.

Samstag, 22. April. Der Weg führt in Richtung Tel Aviv. Auf einem Hügel in der Ferne erhebt sich Samuels Grabmal; die Kreuzfahrer nannten ihn den Berg der Freude, weil sie von seinem Gipfel aus zum erstenmal die Heilige Stadt erblickten. Bald weicht die Aussicht steilen, bewaldeten Hügeln rechts und links vom Weg. An beiden Seiten nisteten 1948 die Araber, an der Böschung liegen kaputtgeschossene Proviantwagen. Gestern wurden viele von ihnen mit Kränzen behängt; mit Mennige werden sie vor dem Verrosten geschützt, denn sie sind für die junge Generation bestimmte Andenken: sie sollen sie daran erinnern, daß der Unabhängigkeitskrieg nicht nur aus Siegen bestand.

Beim Flugplatz Lod – dem biblischen Lydda – biegt der Weg nach Norden ab, wir fahren durch Jonas' Geburtsort und etwas weiter durch die duftenden Orangenhaine von Samaria. So öde wie das Land im Süden ist, hier, kaum hundert Kilometer nördlicher, zeigt es sich barmherzig. Von den samaritischen Hügeln herabkommend, empfängt uns das Tal von Jesreel wie eine geöffnete Hand. Die Hand öffnet sich bis zum Horizont, wo die Berge von Galiläa beginnen; beim Daumen – wenn es die linke Hand ist – gehen sie in die Ebene von Megiddo über: *Armageddon,* wo der letzte Kampf zwischen den Söhnen des Lichts und den Söhnen der Finsternis stattfinden wird, denn hier wurde immer gekämpft, gegen Midianiter, gegen Philister, gegen den Pharao, gegen Vespasian und gegen Saladin. Bei der Durchquerung eines Getreidemeers kommen wir an einem sonderbaren Maulwurfshaufen im Nordwesten vorbei, der sich ohne Anlaß einige hundert Meter aus der Ebene erhebt: dem Berg Thabor, auf dem

Jesus vor dreien seiner Jünger andere Gestalt annahm. Am Felsen entlang, von dem sich die ersten Christen in die Tiefe stürzten, um sich den römischen Verfolgern zu entziehen, steigen wir ins Gebirge und gelangen bald darauf nach Nazareth. Man erblickt eine schmale Gassenstadt am Hang, in der es von Arabern und amerikanischen Touristen wimmelt. Eine Minute lang hat man, während man über offene Gullis springt, das Gefühl, im Orient zu sein, die übrige Zeit fühlt man sich wie in Volendam. Die heiligen Stätten sind von Leica-Pilgern übervölkert, und ich begnüge mich damit zu wissen, daß sie heilig sind; die arabische Bevölkerung ist übrigens katholisch, stimmt aber kommunistisch, um die Israelis zu ärgern, so daß die Stadt des Gottessohnes die einzige in Israel mit kommunistischer Mehrheit im Gemeinderat ist.

Dahinter kommen wir am Dorf Kfar Kana vorbei, wo Wasser in Wein verwandelt wurde; und kurz danach fahren wir durch das Tal von Hittim, wo im 12. Jahrhundert Saladin mit seinen Sarazenen den Kreuzzügen ein Ende bereitete: zwanzigtausend tote Johanniter und Tempelritter und ein blutheiliger Traum.

Unbeschreiblich lieblich wird etwas weiter der See von Galiläa sichtbar. Warm und still liegt er tief unten am Fuße der wilden Berge Syriens auf der anderen Seite. Über sein unbewegliches Wasser ist Gott geschritten, und das erste, was ich erblicke, als wir unten sind, ist ein Mann auf Wasserskiern hinter einem Motorboot. In Tiberias esse ich – halbnackt am Wasser sitzend, auf dem Kopf eine echte *keffia*, die mir ein Araber in Nazareth angedreht hat – einen gebratenen Fisch und bilde mir ein, daß der Fisch ein Mensch ist, wie es in der Heiligen Schrift heißt, und trinke Karmelwein.

Hitzeschnaubend fahren wir mittags am See entlang wieder hinauf in die Berge, kommen an einem Dorf vorbei. Was ist dort geschehen? Es ist der Geburtsort von Maria Magdalena. Kommen an einem sanften von einer Kirche gekrönten Hügel vorbei. Was ist dort geschehen? Es ist der Berg der Seligsprechung. Gelangen in das Dorf Kfar Nahum, sprich Kfarnachum, auch Kapernaum geschrieben – mehr brauche ich dem frommen Leser nicht zu sagen. Mit dem Feldstecher sehe ich in Syrien arabische Befestigungen und eine weiße UNO-Fahne.

Zurück nach Tiberias und dem Wasser südwärts folgend. Wir gelangen zu einem ungefähr zwanzig Fuß breiten Fluß, von Pappeln, Oleandern und Weiden beschattet, deren Wipfel sich fast berühren: dem Jordan. Er verbindet den See von Tiberias mit seinem höllischen Gegenstück: dem Toten Meer. Das Land gleicht einer Seele. *Wenn* ein Land heilig ist, so dieses. Es muß ein Grund für die phantastischen, unübersehbaren Ereignisse vorhanden sein, die hier Jahrhundert für Jahrhundert stattgefunden haben – man braucht nicht an sie zu glauben, aber man muß an ihre Folgen glauben. Es *steht* eine Kirche meinem Haus in Amsterdam gegenüber. Und zwanzigtausend Ritter *sind* im Tal von Hittim gefallen. Und ich kenne den Grund, warum alles hier und nirgends sonst geschehen ist: Israel selbst ist ein Mensch. Der lieblichste See mit dem grauenvollsten Meer durch einen Fluß verbunden, in dem der Gott getauft wird: das ist ein Mensch. Das ist keine Geographie, sondern Theographie. Und ich habe Anhänger. Um in der Gegend zu bleiben: für den samaritischen Gnostiker Simon Magus (auch in der Apostelgeschichte des Lukas erwähnt und von den griechischen Kirchenvätern heftig bekämpft) ist das Paradies ein Symbol der Gebärmutter – eine Auffassung, die zweitausend Jahre vor Freud merkwürdig genug ist. Der Fluß, der aus dem Garten Eden kommt, um das Paradies zu bewässern, versinnbildlicht die Nabelschnur; nach Galenus wird sie aus vier Kanälen gebildet, zwei für Luft, zwei für Blut; das sind die Sinnesorgane des werdenden Kindes. Gleichzeitig ist dieser Fluß das Gesetz, das Moses gab. Die Genesis ist das Gesicht, der Exodus der Geschmack, denn, sagt Simon, und jetzt kommt die theographische Wendung, wenn ein Kind geboren wird, muß es durch Blut waten: das Rote Meer.

Es ist ein uraltes Denken, das wieder in mir aufsteigt. Verworrene Ansichten über eine »physische Geographie«, simon-magische Bemühungen, um einen 'Seelenglobus' zu entwerfen, was alles in einer Sintflut untergegangen ist. Aber wenn ich eine Geschichte über einen Mann schreibe, der versteinert wird, so weiß ich, daß sie sich *ausschließlich* in Neu-Guinea abspielen kann, und wenn ich über einen Jungen schreibe, der endlos weiterwächst, so ist das *ausschließlich* in Mexiko möglich. Ließe ein Schriftsteller einen Mann in Mexiko versteinern oder einen Jungen in Neu-Guinea endlos wachsen, so würde ich diesen talentlosen, stumpfsinnigen Phantasten schallend auslachen.

Übrigens fahren wir noch immer am See entlang, jetzt am gegenüberliegenden Ufer von Tiberias, über den schmalen israelischen Streifen am Wasser. Zerstörte Bunker, zerschossene Bäume. Im Kampfkibbuz Ein Gev, achthundert Meter hinter uns die Syrer, nicht weit von der Stelle entfernt, an der Jakob mit dem Engel kämpfte, betrachten wir den Sonnenuntergang. Er unterscheidet sich nicht im geringsten vom Bild im Katechismus. Ach, gäbe es doch keine Christen.

Sonntag, 23. April. Weil Eichmann mir zu nahe kommt (auch er zwei Seen, durch einen Fluß verbunden, in dem ein Gott getauft wird), zitiere ich SS-Obersturmbannführer Rudolf Höß, unter dessen Leitung zwischen 1941 und 1943 zwei Millionen Juden in Auschwitz vergast wurden. Sogar diesem unvorstellbaren Schinder und liebevollen Familienvater, über den ich später noch berichten werde, lief es kalt über den Rücken, als er mit Eichmann sprach. 1947 schrieb er in seiner polnischen Zelle, wo er auf den Strang wartete: »Ich habe versucht, aus Eichmann dessen innerste, wirklichste Überzeugung über diese 'Endlösung' herauszubekommen, mit allen Mitteln. Doch auch in der fortgeschrittensten Alkoholauflockerung – nur unter uns – trat er, besessen geradezu, für die restlose Vernichtung aller erreichbaren Juden ein. Ohne Erbarmen, eiskalt mußten wir so schnell wie möglich die Vernichtung betreiben. Jede Rücksicht, auch die geringste, würde sich später bitter rächen. Dieser harten Konsequenz gegenüber mußte ich meine menschlichen 'Hemmungen' zutiefst begraben. Ja, ich muß offen gestehen, diese menschlichen Regungen kamen mir – nach solchen Gesprächen mit Eichmann – beinah wie Verrat am Führer vor. Es gab für mich kein Entrinnen aus diesem Zwiespalt. Ich mußte den Vernichtungsvorgang, das Massenmorden weiter durchführen, weiter erleben, weiter kalt auch das innerlich zutiefst Aufwühlende mitansehen ....«

Ich gebe es auf, sein Schinderdeutsch abzuschreiben. Aber es reicht. Ich hatte etwas Gegengift nötig.

Montag, 24. April. Zeuge Salo Wittmayer Baron, Professor an der Columbia-Universität und Weltautorität auf dem Gebiet der jüdischen Geschichte, hält unter Eid eine Vorlesung über das Judentum. Sehr gelehrt, sehr weitschweifig, begleitet von Professorengesten, erzählt er manches Interessante, dessen Zusammenhang mit Eichmann ich nicht einsehen kann. Würde, falls die Juden ein kulturloser Stamm, etwa so wie die ebenfalls ausgerotteten Zigeuner, gewesen wären, ihr Tod weniger schlimm gewesen sein? Steht Eichmann als Menschenvernichter oder als Kulturzerstörer vor Gericht? Ist ein Menschenmörder schuldiger, wenn dabei auch eine Kultur verlorengeht?

In der Mittagspause stelle ich dem Generalstaatsanwalt Hausner, mit dem ich in kleiner Gesellschaft esse, diese Frage. Er findet ja – ich nein. Ich komme nicht dazu, zu sagen, daß ich es gleichermaßen verständlich wie unsachlich und ungerecht finde, Geschichte auf das Gesicht eines einzigen Mannes zu schreiben, der verurteilt werden muß und bestimmt sterben wird. Das ist auf andere Art unmenschlich. Aber ich will die Stimmung nicht verderben. Es werden Witze erzählt, und das Gespräch dreht sich um Attila und Dschingis-Khan. Ich sage zu Hausner, daß Eichmann vielleicht stolz darauf gewesen sei, von ihm mit Dschingis-Khan verglichen worden zu sein. *»Proud?«,* wiederholt Hausner mit seiner hohen jungenhaften Stimme. Er starrt schweigend vor sich hin. Dann wirft er das Problem auf, was wohl geschehen wäre, wenn Napoleon Hitlers Antisemitismus besessen hätte. Weil damals noch keine Auswanderung nach England und Amerika stattgefunden habe, wäre kein Jude übriggeblieben. Aber, wendet ein Schwede ein, er habe nicht über die technischen Möglichkeiten der Vernichtung verfügt. Natürlich, natürlich, erwidert ein Beamter vom Auswärtigen Amt, aber es habe auch weniger Juden gegeben. Beim Wiener Schnitzel einigen wir uns schließlich darauf, daß Napoleon zweifellos alle Juden hätte ausrotten können. Dann erwägen wir, was wohl geschehen wäre, wenn Rommel von Nordafrika nach Palästina hätte durchbrechen können. Eichmann wäre ihm einen Tag später gefolgt, und kein Zionist wäre übriggeblieben.

Auf eine Frage von Servatius erklärt Zeuge Baron nachmittags – nachdem er wieder ins Professorale abgeschweift war und von Landau zur Ordnung gerufen wurde –, daß der Antisemitismus dem »Haß der Ungleichen« entspringe. Das ist es also! Wie genial! »Der Haß der Ungleichen« – darauf ist Sartre nicht gekommen! Servatius gibt sich nicht zufrieden und bringt die Dolmetscher mit einer Frage über »irrationale Gründe« und »überpersönliches Geschehen, über das menschliche Verstehen hinausgehend« zur Verzweiflung, dann spricht er über Hegel und Spengler und den »Geist in der Geschichte, der durch Notwendigkeit, ohne Zutun der Menschen, vorwärtsschreitet«, woraus sich dialektisch folgern läßt, daß man das jüdische Volk vernichten wollte und das Ergebnis davon der blühende Staat Israel ist. Was Zeuge Baron von dieser Theorie halte, will er wissen – der Theorie also, bei der Eichmann als eigentlicher Gründer des Staates Israel erscheint. Im Saal wird gekichert und entrüstet gezischt, aber ich habe das Gefühl, daß es ein ausgezeichneter Schachzug ist. Es ist die große Senkgrube, die sich öffnet: die Jauche, in der Eichmann, Rosenberg und die ganzen anderen dachten. Leider verliert sich jedoch Baron gleich wieder in autoritärem Gefasel, daß dies nicht klar gedacht sei – was auch niemand behauptet hat, im Gegenteil – und schließt mit dem Zitieren eines eigenen Buches und der Mitteilung, daß es auch ins Italienische übersetzt worden sei. – Ich habe nicht das Gefühl, noch lange in diesem *Beit Ha'am* bleiben zu müssen.

Dienstag, 25. April. Man stelle sich vor, daß jemand mehr oder weniger gegen seinen Willen die Hauptfigur im Fernsehprogramm *This is your life* geworden ist. Da sitzt er jetzt auf der Bühne, der Saal ist ausverkauft, und er wird von der ganzen Welt gesehen. Der Reihe nach treten Personen auf, mit denen er früher etwas zu tun hatte. Was aber sagen sie im Grunde über den Helden des Stückes aus? Nein, sie haben ihn selbst nie getroffen. Aber sie berichten von ihren Erfahrungen mit ehemaligen Kollegen der Hauptfigur oder mit Untergebenen der ehemaligen Kollegen.

Zeuge Grynszpan erzählt, daß er getreten und verjagt worden ist. Aber hat Eichmann ihn getreten und verjagt? Er gehörte zur Organisation, die Grynszpan trat und verjagte – darf man jedoch, wenigstens in einem Gerichtssaal, ohne weiteres suggerieren, daß er es selber war? Und was hat Zeuge Benno Cohen, der ehemalige Leiter der deutschen Zionisten, hier zu suchen? Er erzählt vom allmählichen Abbruch der jüdischen Gemeinde in Berlin, den Boykotten, den Pogromen, den Erniedrigungen – aber damals saß Eichmann als Beamter in der Bibliothek des SD. Und nach und nach frage ich mich, ob man nicht vielleicht den falschen Mann erwischt hat. Eichmann befand sich in der SS-Hierarchie auf einem geheimnisvollen toten Punkt in schwebendem Gleichgewicht: genau zwischen denen, die Befehle gaben – Hitler, Himmler, Heydrich – und den Unterscharführern, die tatsächlich eigenhändig mordeten. Seine Schuld ist groß, aber die Schwierigkeit besteht darin, daß ein Prozeß geführt wird, um Schuld zu *beweisen,* und nicht, um den Angeklagten anzuschwärzen. Die besonders anfechtbare pädagogische Aufmachung dieses Prozesses, die immer mehr Gestalt annimmt, wird ausgesprochen widerlich, wenn Hausner damit auch taktische Absichten verfolgt – nämlich diese: mangels konkreter Beweise Eichmann in Verruf zu bringen, indem alle Naziverbrechen in seiner Gegenwart aufgezählt werden. Es wäre dasselbe, wenn man im Prozeß Westerling – der in Holland nie geführt wurde, aber vielleicht läßt Sukarno ihn, vom Präzedenzfall Eichmann dazu berechtigt, demnächst kidnappen – die Gewinne der niederländischen Kaffeepflanzer aufzählen würde.

Der weitere Verlauf des Prozesses wird zeigen müssen, wie es damit steht. Jedenfalls erstaunt es mich, daß Richter Landau nicht schon längst den zahllosen Unsachlichkeiten Einhalt geboten hat. Es wird darauf hinauslaufen, daß man Eichmann nur wegen der Ermordung eines jüdischen Jungen verurteilen kann, der Pfirsiche aus seinem Garten stahl. Ich habe Hausner gestern gefragt, was an dieser Geschichte wahr sei. Er sagte, er werde sie »mit Gottes Hilfe« beweisen. Aber auf Mord steht in Israel nicht die Todesstrafe.

Mittwoch, 26. April. Ein Viertel der Journalisten ist bereits abgereist; die Hälfte der Gebliebenen reist diese Woche ab. Seit ein paar Tagen sind die ersten Saalreihen für die Presse gesperrt: dort sitzen jetzt raffiniert angezogene Damen aus Tel Aviv, die Eichmann mit den Augen verschlingen, sich Bemerkungen zuflüstern, lächelnd in den Saal schauen und Bekannten auf dem Balkon zuwinken. Eichmann beginnt ein gesellschaftliches Ereignis für Israels höhere Kreise zu werden. Ich verlasse den Saal – nicht aus Entrüstung, sondern aus der Erkenntnis, daß die Schüssel leer ist; liefere meinen Transistor ab und versuche, einen Platz im nächsten Flugzeug nach Amsterdam zu bekommen. Weil alles bis Montag für Journalisten reserviert ist, packe ich meine Siebensachen und nehme ein *Sherut* nach Beer Scheva, Jerusalem ohne Bedauern hinter mir lassend.

Das *Sherut* ist eine Einrichtung, die Passagiere organisiert und wartet, bis alle Plätze eines Taxis belegt sind. Deshalb kostet die gut hundert Kilometer lange Strecke nur drei Pfund (sechs Mark). Zwei Stunden ruckeln wir in einem riesigen alten Dodge von den Bergen hinab zu der alttestamentarischen Stadt in der Wüste. Allmählich wird es wärmer, und ich denke nicht mehr, wie vor drei Wochen auf dem Weg nach Sodom, an die Bibel. Am Ziel steigen alle aus; ich benutze das Taxi, um ein Hotel zu suchen. Diese halbe Stunde kostet plötzlich acht Pfund – und es kommt wenig dabei heraus, denn alles ist besetzt, und ich lande schließlich in einer Art Nachtasyl in einer unbeleuchteten Seitengasse. Nicht schlecht für jemand, der unbedingt Beduinen besichtigen soll. Sieben schmale Betten stehen in einem steinernen Raum, kaum einen halben Meter voneinander getrennt. Auf einem Bett liegt eine zerrissene Uniformjacke, die offensichtlich keinem Soldaten gehört, auf einem anderen ein roter Lappen, in den ein paar Habseligkeiten geknüpft sind; auf einem dritten ein Stock oder Stab zum Zeichen der Besitzergreifung. Ich stelle mein Gepäck auf mein Lager, richte ein Stoßgebet an alle Götter dieses Landes und eile in die Stadt.

Die Straßen bestehen aus gelbem, stiebendem Wüstensand; die niedrigen Häuser links und rechts sind aus getrocknetem Schlamm errichtet und wechseln mit Ruinen arabischer Häuser und Lücken ab, in denen gestapelte Fässer liegen oder gigantische Lastwagen parken. Aber überall sitzen Leute auf der Straße, und die Hauptstraße ist sogar asphaltiert. Vor dem Kino herrscht grosses Gedränge: Der Film der Woche DIE ZEHN GEBOTE. Ort der Handlung: um die Ecke.

An einem Tisch auf der Straße esse ich *humus* (sprich: chumus), einen scharfen arabischen Mehlbrei, danach ein riesiges Mixed Grill auf einem vierzig Zentimeter großen Teller – und allmählich versöhne ich mich wieder mit der Welt. Um mich herum sitzen verstaubte, schwarzgebrannte Soldaten direkt aus der Wüste, ihre Maschinengewehre hängen an den Stuhllehnen. Eichmann versinkt, Jerusalem versinkt mit seinen orthodoxen Juden, christlichen Mönchen und Suppenhühnern. So esse ich gern, am Rand der Unmenschlichkeit – mir fällt eine Mahlzeit vor Jahren ein, hoch in den Alpen, wo die Kühe in den Wolken grasten: Ich begleitete einen Freund, der wegen einer Entführung dorthin mußte; ein kleines Kind war verschwunden, das abgenagte Skelett auf der anderen Seite der Schlucht gefunden worden, es konnte nur ein Adler gewesen sein: wir aßen Schwarzbrot und schwarze Wurst in der durch die Höhe schwarz gewordenen Hütte der Eltern.

Die Menschen hier sind auch *schöner*. Jedenfalls die märchenhaft schmutzigen Arbeiter, die vorbeischlendern: heroisches Wüstenproletariat, und es sind nie europäische, sondern immer nordafrikanische Einwanderer. Das sind die Juden Israels; im Heer sind sie Soldaten, die Offiziere sind Europäer; in den Cafés sind sie Kellner, die Besitzer sind Europäer. Und später, in einer Art Künstler-Bar, werden die Menschen noch schöner, und allmählich dämmert mir, warum alle Hotels besetzt sind. Auf einem Barhocker neben mir sitzt David Niven. Irgendeine italienisch-amerikanische Supercineramaproduktion dreht im Negev. Je weiter der Abend fortschreitet, desto mehr füllen sich die Straßen mit dem schönsten Männermaterial, das ich je gesehen habe: alle lassen sich tagsüber gegen Gagen stöhnend von galoppierenden Pferden fallen.

Mich quält die Angst um meinen Koffer, und als ich in das Zimmer komme, empfängt mich sechsfaches Geschnarche, Gewälze, Geächze und Zähneknirschen von Unbekannten. Als ich schließlich schaudernd einschlafe, träume ich, daß alle »Mein Kampf« lesen, und dann zeige ich meiner fernen Freundin den Prozeß – und wir sind allein mit Landau, Hausner und Servatius, während wir im Gerichtssaal Eichmann auf dem Bildschirm sehen, denn er sitzt in seinem Glaskäfig zwischen dem Publikum...

Donnerstag, 27. April. Die Beduinen sind in der Stadt. Heute ist ihr Markttag, und es wimmelt von ihnen in sämtlichen Strassen und Läden. Ich frühstücke auf einer Caféterrasse und versuche indessen zu entdecken, worauf das seltsam *Leichte* ihrer Anwesenheit in der Stadt beruht. An ihrer Kleidung kann es nicht liegen. Außer ihren oft noch ums Kinn zugeknüpften Kopftüchern, tragen sie weite, weiße Hosen und darüber dicke, hochgeschlossene, bis zum Boden reichende Kittel, darüber wiederum gehrockartige Dreiviertelmäntel und nochmals darüber ein breites Schultertuch. Dazwischen befinden sich Koppelriemen, gekreuzte Patronengurte und Gürtel mit silbernen Dolchen. Manchmal ist alles neu und aus herrlich gewebtem Stoff, häufiger hängen jedoch Lumpen an ihren Körpern herab. Dieser oder jener Unterscheich trägt nur einen einfachen, bis zum Boden reichenden blauen Kittel mit einem Gürtel.

Obwohl ich von zwei Holländerinnen hinter mir abgelenkt werde, von denen eine über ein Haus in Ermelo redet, in dem die Heizung unter den Wandleisten angebracht ist, entdecke ich, worauf die Leichtigkeit der Beduinen beruht. Sie sind nie in Gruppen, nie mehr als zwei zusammen. Meistens gehen sie allein, ein merkwürdig schneller, flatternder Gang; bei jedem Schritt heben sie die Füße höher als wir, als stiegen sie über Steine: vielleicht eine Angewohnheit aus der Wüste, vielleicht wegen ihrer kolossalen Schuhe. Überall sitzen sie auf den Gestellen der Schuhputzer, die mit Messern den gröbsten Dreck entfernen. Wenn zwei Bekannte sich treffen, reichen sie sich die Hand – ohne sie zu schütteln – wechseln drei Worte und gehen weiter. Auch die Aufstellung ihrer breiten, niedrigen Zelte in der Wüste zeigt jene Abneigung gegen Gruppenbildung; nie stehen mehr als fünf zusammen, und auch dann wahren sie, die Eingänge voneinander abgewandt, einen gegenseitigen Abstand von hundert Metern. Wie anders verhält es sich in der Provinzstadt Ermelo!

In der Nähe des Marktes hocken die ersten Frauen im Staub oder kaufen Bonbonrollen. Wenn sie eins davon in den Mund stecken, sehe ich, daß ihr Kinn und ihre Wangen leicht tätowiert sind. Sonst ist der Mund unsichtbar, und vor ihrem Gesicht hängen klirrende Münzenketten. Heiratsfähige Mädchen schlagen ihre Kopftücher so fest um ihr Gesicht, daß nur ein winziges Loch offenbleibt, durch das ein Auge lugt. Wie lebendige Pfähle, nur eine braune Hand sichtbar, schieben sie hintereinander durch den Sand. Einmal erblicke ich ein etwa neunzehnjähriges Beduinenmädchen mit unbedecktem Kopf und Gesicht. Als ich näherkomme, sehe ich, daß sie wahnsinnig ist. Sie lacht und bettelt. Lokale Gassenjungen ziehen sie auf, aber mich erschreckt ihre Unverschleiertheit.

Auf dem Markt selbst fühlt man sich in alttestamentarische Zeiten zurückversetzt. Das Gekreisch des Feilschens ist fast nicht vom Schreien, Wiehern, Meckern der Esel, Kamele und schwarzen Ziegen zu unterscheiden. Beine werden betastet, Hände aufeinandergeklatscht, Herden mit Stockschlägen hin und hergetrieben. Es sind fünfunddreißig Grad, und ich trage mein Jackett über dem Arm. Ein Beduine tritt auf mich zu und fragt, ob ich es nicht gegen ein Lamm tauschen möchte.

Auch in den Hügeln ringsum sind überall Beduinen. Da geht einer, da sitzen zwei, da steht einer, da reitet einer auf einem Esel. Ein Regisseur mit starkem Sinn für Harmonie scheint sie verteilt zu haben; aber es ist ihr eigenes *Raumgefühl*, das sie auf so leichte Art und Weise sich der Landschaft bemächtigen läßt, ohne sie zu erobern, ohne sie zu verheeren – und verachtet von einem Volk, das sich doch daran erinnern sollte, daß man friedliche Minderheiten nicht verachten darf. Am Wege stehen Ruinen arabischer Häuser, im Krieg 1948 zerstört; ein Stück weiter, wo die braungelben Hügel des Negev beginnen, steht eine Hochspannungsinstallation wie ein surrealistischer Traum der Kamele. Über die Straße neben dem Markt dröhnen Diesellastwagen wie fahrende Fabriken mit rauchenden Schornsteinen in die Wüste, fette Staubwolken zurücklassend.

Das bringt mich auf eine Idee. Ich habe drei Tage Zeit, an mein hiesiges Bett bin ich nicht gebunden, und eine Stunde später sitze ich in einem *Sherut* und verschwinde ebenfalls im Negev.

Nach etwa fünfzig Kilometern ist es sogar den Beduinen zuviel geworden. Dann gibt es nur noch hügelige, gelbe Wüste, auf der die Sonne herumstampft und die Steine sich aus Angst zusammenhäufen. Eine Stunde nach der anderen holpern wir in unserem Taxi weiter, schnurstracks gen Süden, zum Ende Israels. Den Juden ist es anscheinend nicht zuviel geworden; jede Stunde erscheint wieder ein Kibbuz: ein paar weiße Häuschen, ein Wassertank auf einem Hügel, zwei ärmliche Sträucher und eine Benzinpumpe. Sie haben vor, den gesamten Negev fruchtbar zu machen. Der einbahnige Asphaltweg an sich ist schon eine Heldentat; auch wenn die Bodenbeschaffenheit keinen Anlaß dazu gibt, windet er sich: um Luftangriffe zu erschweren. Meistens gibt sie allerdings Anlaß dazu. Eine Wüste ist kein endloser Nordseestrand, wie ich seit meiner Kindheit glaubte, sondern wüst auch in der Gestaltung. Als ich bereits hoffe, es begriffen zu haben, erklimmt das Taxi den Kamm des Maktesh Ramon, und mir stockt der Atem. Von einem Horizont zum anderen liegt zu unseren Füßen eine wahnsinnige, dreihundertfünfzig Quadratkilometer umfassende Schale: ein unmenschliches, unbewegliches Panorama aus Stein, das uns entgegenschweigt. In Haarnadelkurven schwenkt der Weg in den Krater hinab, den er senkrecht durchschneidet, als hätte der Architekt hier alle Strategie vergessen und als wollte er nur möglichst schnell wieder hinausgelangen. Auch wird die Wüste plötzlich schwarz, etwas später rosa und dann meergrün. Gewundene *wadis* erwecken aus der Ferne den Eindruck der Fruchtbarkeit; fährt man jedoch hindurch, so stehen die Büsche einen Meter voneinander entfernt, und der Boden ist trockener als an irgendeiner Stelle Hollands. Inzwischen habe ich meine liebe Not mit einem Schweizer Idioten neben mir, der auf alles, was er erblickt, zeigt. Erblickt er einen Geier, so zeigt er darauf und sagt: »Vogel.« Erblickt er eine Antilope, so sagt er: »Tier.« Erblickt er einen Schakal, so sagt er: »Hund.«

Nach vierstündiger Fahrt gelangen wir zur palmenreichen Oase Yotvata, und nach einer weiteren Stunde Wüste springe ich im Taxi auf: Nach dem ganzen Gestein liegt ganz blau, ganz Wasser, das Rote Meer vor uns. Die Sonne ist gerade untergegangen, und die Landschaft verwandelt sich von Sekunde zu Sekunde. Die goldbraunen Berge links von der Bucht, das ist Transjordanien. Die kolossalen violetten Berge dahinter, das ist Saudi-Arabien. Die schwarzen Berge, die rechts von der Bucht den hellen Himmel spalten, das ist Ägypten.

Freitag, 28. April. Auf der Grenze von Asien und Afrika liegt das Hafendorf Eilath: eine Niederlassung von sechstausend Menschen auf einem elf Kilometer langen, strategisch ebenso unentbehrlichen wie verwundbaren Küstenstreifen. 1948 wurde der Wüstenstreifen ohne Rücksicht auf Verluste durch eine Jeepkavallerietruppe erobert; Wasser – es regnet nur ein- oder zweimal im Jahr ein paar Minuten – wird durch eine Pipeline aus den Brunnen von Yotvata hergeleitet, in umgekehrter Richtung wird das Erdöl der persischen Tankschiffe durch den ganzen Negev bis nach Haifa im Norden gepumpt. Der Boden ist versalzt und mausetot; es gibt einen 'Garten', in dem einige Dutzend Bäume und Sträucher mit endloser Mühe am Leben gehalten werden. Wenn sie bewässert worden sind, befinden sich nach einer halben Stunde wieder Risse im Boden, in denen man sein Fahrrad abstellen kann.

Was man freilich im April sieht, ist eine Bucht aus Tausendundeiner Nacht. Zehn Kilometer weiter liegen die weißen Häuschen des jordanischen Akaba am Fuß der Berge, und zwischen

Arabien und Ägypten bin ich der einzige, der am verlassenen Strand badet. Zehn Meter vor mir, immer auf derselben Stelle, springt den ganzen Tag ein Delphin, so groß wie ich. Hoch am Himmel hat sich ein Schwarm von Störchen offensichtlich verirrt. Sie versuchen, den Weg über der Wüste wiederzufinden, kehren jedoch zurück; etwas später verschwinden sie über den Gipfeln des Sinai, aber nach einer Stunde schweben sie wieder über dem Wasser.

Dann fahre ich mit einem Boot mit Glasboden zu den Korallenriffen. Bis in die türkisfarbene Tiefe von zehn Metern ist alles haarscharf zu sehen. Die Riffe sind zimmergroße Blumenkohle, Gehirne und Lebern voll roter und grüner Höhlen und Grotten, bunte Fische gleiten hindurch, die nicht mehr von dieser Welt sind: Fische mit Augen auf dem Rücken, Fische mit zwei Schwänzen, Fische mit Antennen und Fische mit Beinen, Fische mit Schnurrbärten, Fische mit Spazierstöcken und Fische mit Hüten; auch Fische wie Schlangen mit Krokodilmäulern, Fische wie Kalikobänder und Fische, die unvergleichlich sind.

Samstag, 29. April. Weil Schabbes ist und jede Tätigkeit streng untersagt, lasse ich die Heiden für mich arbeiten und schreibe einige Meinungen von Israels Feinden über den Eichmann-Prozeß ab.

In Jordanien fragt sich K. S. Katshadourian, wie die Mörder des Grafen Bernadotte und zahlloser arabischer Frauen und Kinder in Kfar Kassem, Deir Yassin und Kibya Recht üben können. Auch Berichterstatter werden niemals imstande sein, objektiv zu schreiben, denn wie viele können das Risiko eingehen, die Anzeigen jüdischer und zionistischer Industrien zu verlieren? »Die Welt hat die Verbrechen der Zionisten ignoriert. Wir fordern sie auf, sich wie ein Mann zu erheben, dieser Farce ein Ende zu machen und die Zionisten zu zwingen, den Resolutionen der Vereinten Nationen zu gehorchen und die Araber zu ihren Ländereien, Häusern und Eigentum zurückkehren zu lassen.« Und in einem anderen Artikel: »Die Zionisten selbst stehen hier vor Gericht. Werden sie diesen Mann in Frieden lassen und ihm als Zeichen des Respekts und der Dankbarkeit für das, was die Vereinten Nationen für sie getan haben, und für das, was die Deutschen ihnen an Wiedergutmachung geschenkt haben, gestatten, zu seiner Familie und zu seinem Land zurückzukehren – oder werden sie ihn hängen?«

Im ägyptischen Wochenblatt *Akher Sa'a* spricht Mohammed al-Tabi'i von der »ekelhaften, von der amerikanischen Presse verbreiteten historischen Lüge, daß die Nazis sechs Millionen europäische Juden getötet haben sollen. Auf dieser Lüge beruht der Prozeß gegen den Nazi-Offizier Adolf Eichmann.«

Die Zeitung *Al-Difaa* enthüllt, warum Eichmann in einem Glaskäfig sitzt. Nicht so sehr wegen der Kugeln, sondern um das Mikrophon abschalten zu können, wenn er Dinge sagen würde, die den Zionisten nicht passen. – Es ist etwas ungeschickt von den Zionisten, den Käfig an der dem Saal abgewandten Seite offengelassen zu haben.

Während ich dies auf meinem Privatbalkon schreibe, liegt in der Ferne am Ufer des Meeres Akaba wie ein Stück herabgestürzter Sternenhimmel. Mitten auf der dunklen, unbeweglichen Bucht geht ein beleuchtetes Schiff vor Anker. Der Mond steht über Arabien. Im Dunkeln sehe ich den Hotelmanager auf einer Bank sitzen. Ich stelle mir vor, daß diejenige, die ich liebe, und auch diejenigen, die meine Freunde sind, in Europa ermordet wurden, und daß ich nie mehr dorthin zurückkehren werde. In dieser Lage befindet sich der Mann dort unten. In diesem Augenblick verwandelt sich die mich umgebende Schönheit in eine nur wieder auf andere Art verzerrte Maske unmenschlicher Wirklichkeit, zu der man nicht gelangen kann, es sei denn durch den Tod.

Eine Ruine in Berlin

1. 5. 1961

Aus dem Sommer in den Frühling zurückgekehrt, lese ich in einem verregneten Amsterdam die blauen Bücher der israelischen Polizei, während in Jerusalem die Zeugenvernehmungen in Schwung kommen.

Am 6. Juli 1960, ungefähr um halb drei, fragt Hauptmann Avner Less Eichmann, wieviele Stockwerke sein Büro in Berlin gehabt habe. Seinem Wesen entsprechend, gibt der Gefangene sofort eine ausführliche Beschreibung des ganzen Gebäudes, einschließlich der Lage der Toiletten; er zeichnet sogar einen Grundriß, der nicht abgedruckt wurde. Lessens Anlaß zu dieser Frage wird erst später deutlich. Weil viele Zimmer und Säle leerstanden, wurde 1945 ein gewisser Paul Blobel bei ihm einquartiert. Dieser 1951 durch den Strang hingerichtete SS-Standartenführer, ein versoffener Architekt aus Düsseldorf, war anfänglich Leiter der Einsatzgruppe 4 A in Rußland, in welcher Funktion er einmal einen Rekord von 33 771 Hinrichtungen innerhalb von zwei Tagen aufstellte. Das geschah im Winter. Im Frühjahr fuhr er mit einem Gestapo-Agenten für kirchliche Angelegenheiten an der Schlucht Babi Jar bei Kiew vorbei. Dort erblickte sein Gast zu seiner Befremdung lauter kleine Explosionen, die die Erde aufwirbelten. »Hier liegen meine Juden begraben«, erklärte Blobel. Das einsetzende Tauwetter befreite die Gase aus Zehntausenden von Leichen. Später wurde er von Heydrich, der ihn zu weichherzig fand und ihm riet, lieber Porzellan zu verkaufen, zum Leiter des Kommandos 1005, das heißt des Exhumierungskommandos, ernannt. In dieser Funktion mußte er die zahllosen Massengräber in Polen und Rußland öffnen und alle Spuren entfernen, was er mittels Petroleum, Dynamit und Knochenmühlen vergeblich versuchte. Nach Wislicenys Aussagen war dieser Parteigenosse ein guter Freund von Eichmann, der ihm 1941 den Auftrag erteilt haben soll, die erste Gaskammer zu entwerfen. Eichmann streitet das ab: Blobel gehörte zu einer anderen Abteilung, amtlich gab es zwischen ihnen keine direkte Verbindung – was nicht mit einer Aufzeichnung von Höß übereinstimmt, der über »Blobel von der Dienststelle Eichmann« spricht. An Hand der Einquartierung versucht Less, ihn nun in die Enge zu treiben – eigentlich gegen die erhaltenen Anordnungen, Kreuzverhöre zu vermeiden. Warum kam Blobel ausgerechnet zu ihm in die Kurfürstenstraße? Warum nicht zum Gestapo-Hauptquartier in der Prinz-Albrecht-Straße? Weil es dort übervoll war, sagt Eichmann; außerdem zog Blobel in das Haus neben ihm, er habe ihn persönlich nie gesehen.

Nicht das, was davon stimmt, fesselt mich in dieser recht nebensächlichen Passage am meisten, sondern die geographische Kompliziertheit. Ein Mann wird aus Buenos Aires entführt; zwei Monate später beschreibt er in Haifa ein Gebäude in Berlin; ich lese es in Amsterdam, während er zur selben Zeit in Jerusalem sitzt und der Geschichte eines Mannes aus Warschau zuhört, während er damals selbst – sagen wir – in Paris war. Es ist nicht leicht auszudrücken, was ich meine. Für Deutsche hat »Bewegung« immer mehr bedeutet als für andere; sie ist nicht nur ein notwendiger Ortswechsel, durch sie hat man außerdem teil an frischen Quellen der Seele. Deutsche Bewegung ist mystisch und gefährlich. Die einstigen Wandervögel verwandeln sich unter Hitler in ein ganzes Volk, das marschiert; bis 1939 wurde in Deutschland dauernd marschiert, Tag und Nacht, durch alle Straßen, Wälder, Felder, über alle Wege, vom Jungvolk, von der Hitlerjugend, vom Bund Deutscher Mädel, von der SA, der SS und der Wehrmacht – und Parteiphilosoph Alfred Rosenberg nannte das Leben offiziell eine Marschkolonne, der es gleichgültig ist, wohin sie marschiert, wenn sie nur marschiert. Von 1939 an brach die Bewegung an allen Seiten aus den deutschen Grenzen, und wie fingerdick ist die geographische Wollust in Görings Stimme, wenn er in seiner Rede vom 30. Januar 1943 über die Front »vom Nordkap bis zur Biskaya, hinunter bis in die Wüsten Afrikas und bis in den fernen Osten an der Wolga« spricht, wo Deutschland »blutet, aber siegt«. Eichmann eilt nach Wien, nach

Prag, nach Paris, nach Lublin, nach Den Haag, nach Budapest .... und als die Bewegung in ihren eigenen Fernen zum Stillstand kommt und die ganze Welt ihrerseits sich auf Berlin zubewegt, geht sie in Eichmanns Leben noch mucksmäuschenstill weiter: Österreich, Deutschland, die Schweiz, Italien, Argentinien und schließlich Israel. Die anderen Deutschen bewegen sich inzwischen längst wieder in Volkswagen, auf gelben Sandalen und mit weißen Mützen durch Europa – »vom Nordkap bis zur Biskaya, hinunter bis in die Wüsten Afrikas.« Ich kann das, was ich meine, nicht in Worte fassen. Ich stecke das Verhör in meine Tasche und nehme das Flugzeug nach Berlin.

WILHELMSTRASSE 102. Unkontrolliert von der Volkspolizei gehe ich durch das Brandenburger Tor. Leer dehnt sich »Unter den Linden« vor mir aus. Beim Prunkpalast der sowjetischen Gesandtschaft biege ich rechts in die verlassene Wilhelmstraße ein. Der Unterschied seit fünf Jahren, als ich ebenfalls hier war, besteht in größerer Sauberkeit und größerer Stille. Von dieser Straße aus wurde einst die Vernichtung der Welt geregelt, aufgeregte Menschenmengen wogten durch den Abend und warteten auf eine Siegesnachricht, Generale krochen aus Autos und verschwanden in den kolossalen Gebäuden. Jetzt ist nirgends jemand zu erblicken. Am hellen Himmel über dem reingefegten Raum setzt plötzlich die Dämmerung ein, die alle Farben intensiviert. Die Stelle, an der einst die Reichskanzlei stand, hat sich von einem Stoppelfeld in einen geschnittenen hellgrünen Rasen verwandelt. Das umgefallene Riesenbetonei, den Luftschacht von Hitlers Bunker, hat man offensichtlich nicht kaputtkriegen können – ein genau so riesiges Grasgeschwür deutet nun den Ort an, wo der Kakerlak vertilgt wurde; die Überreste des Palastes daneben – Ribbentrops Auswärtiges Amt – sind offenbar gerade erst geschleift worden: ein barocker Trümmerhaufen, aus dem verbogene Eisenbalken wie Beine eines fürchterlichen Insektes hervorragen. Ich bleibe stehen, um der Stille zu lauschen. In der Ferne übt jemand Tuba. An der anderen Seite, hinter dem großen Rasen, steht das verschont gebliebene Propagandaministerium Goebbels, jetzt das ostdeutsche Kultusministerium. Ein alter Mann fegt die Freitreppe. Sonst nirgends eine Menschenseele. Es ist die Stille der Vergangenheit. Hier ist etwas geschehen, etwas entschieden worden; und nichts ist davon übriggeblieben. Nicht einmal alte

Nazis betrachten wehmütig das Grasgeschwür – ich bin allein da. Nicht aus Wehmut, sondern weil ich etwas begreifen möchte: wie sich etwas ändern kann. Doch nur die Dämmerung nimmt zu, und ich begreife nichts. Die Häuser in der Ferne sind mit roten Plakaten geschmückt, die ich allein lese: DER FRIEDE WIRD DEN KRIEG BESIEGEN. WESTBERLIN NICHT PULVERFASS, SONDERN FREIE STADT. KÜNSTLER UND KULTURSCHAFFENDE, BEGEISTERT MIT EURER KUNST DIE WERKTÄTIGEN FÜR DEN SIEG DES SOZIALISMUS.

Etwas später überschreite ich wieder die Grenze, diesmal wohlkontrolliert. Mit angewidertem Gesicht überprüft der Vopo meinen Paß und salutiert zufrieden, als er sieht, daß ich Holländer bin. Fünfzig Meter weiter stehe ich, nachdem ich ein Kopfnicken mit den Westberliner Polizisten gewechselt habe, vor einem ausgedehnten Unkraut- und Schuttfeld. Mit Hilfe von Griebens Reiseführer aus dem Jahre 1927, dem verlogensten Buch, das ich besitze, lokalisiere ich die Stelle der Wilhelmstraße 102, des ehemaligen Palastes von Prinz Albrecht, später dem von Reinhard Heydrich: der Kochstraße gegenüber. Disteln. Hier hat Eichmann 1934 als Kartothekbeamter bei der Zentralstelle des SD seine Laufbahn begonnen. Aus Verhören hat sich indessen erwiesen, daß alles auf einem Mißverständnis beruht. Als er des Soldatenlebens im neuen Konzentrationslager Dachau müde war und sich zum Sicherheitsdienst des Reichsführers meldete, nahm er an, daß es sich um Himmlers Leibwache handelte: daß er, wie er es oft in Illustrierten gesehen hatte, auf den Trittbrettern von Autos stehen, viel herumfahren und etwas von der Welt sehen würde. Zu seinem Schrecken landete er auf einem Bürostuhl und erkannte erst nach Tagen seinen Irrtum.

Etwas weiter zurück, im Niemandsland, in der Niederkirchner Straße, der ehemaligen Prinz-Albrecht-Straße, liegen die Überreste des einstigen Gestapo-Hauptquartiers, das vorher Kunstgewerbeschule war. Das ganze Gebäude ist in seine Keller zusammengestürzt, in denen Tausende zu Tode gefoltert wurden – von Wehrmachtsgeneralen und hohen SA-Führern in der Nacht der langen Messer angefangen bis zum Lehrer, den keiner kennt.

(Einige Tage später, wieder in Amsterdam, werde ich am Pfingstmorgen durch einen Anruf aus Den Haag aus dem Schlaf gerissen: Eine Dame überschüttete mich minutenlang im Niederländisch der besseren Kreise mit Komplimenten über meine

Eichmann-Artikel, die sich durch ihren menschlichen Ton und das Fehlen des Hasses so vorteilhaft von anderen abhöben. Als schließlich eine Pause im Wortschwall eintritt, frage ich, ob es vielleicht noch einen zweiten Grund gebe, warum sie mich in Herrgottsfrühe anrufe. Sie zögert. Ja, nein, das heißt, gewiß, sie und ihr Mann seien auch mit bestimmten Geschichtsstudien beschäftigt, nein, noch unveröffentlicht, dazu sei die Zeit noch nicht reif, aber vielleicht könnte ich .... denn gerade der Ton meiner Artikel .... Ich sage, sie solle mir einmal etwas schicken. Nein, das heißt .... ihr Mann und sie möchten mich lieber persönlich kennenlernen. Nein, ihren Namen nenne sie vorläufig lieber noch nicht .... man solle sich besser erst einmal – hm – beschnüffeln .... Danach habe ich eingehängt. Ich weiß, wer mich angerufen hat, zumindest kann ich es mir anders nicht erklären. Nazis. Ziemlich bestürzt schlafe ich wieder ein und habe folgenden Traum:

Mit Riesensprüngen schwebe ich durch die verlassene Wilhelmstraße, Richtung Brandenburger Tor, vom rhythmischen Klatschen einiger meiner Freunde begleitet, die an der Ecke der Kochstraße stehen und mir nachblicken. Vor dem Goebbelsministerium komme ich zum Stillstand. Gerade als ich versuche, zurückzuschweben, was mir durch den starken Gegenwind schwerfällt, rollt in der Gosse ein hellgrauer Ball heran. Ich wende mich um, wer ihn geworfen hat, und sehe in der Ferne beim Brandenburger Tor Eichmann näherkommen. Er schaut mich an, und ich schaue den Ball zu meinen Füßen an; ich kann es nicht über mich bringen, ihn zurückzuwerfen. Ich hocke mich hin und warte. Meine Freunde sind verstummt. Als Eichmann den Ball aufhebt und wortlos zurückgeht, sage ich: »Nehmen Sie es mir bitte nicht übel, daß ich Ihnen den Ball nicht zurückgeworfen habe.« Er dreht sich einen Augenblick schweigend um und setzt seinen Weg fort. Da höre ich, wie eine Frau hinter mir sagt: »Mein Mann und ich finden es großartig: in diesem Alter noch so beweglich und so gut aussehend...«)

AM GROSSEN WANNSEE 56-58. Die S-Bahn verläßt in westlicher Richtung die Stadt und fährt etwa zwanzig Minuten durch grüne Frühlingswälder. Plötzlich gleitet der See hervor. Segelboote liegen schräg auf dem Wasser, Baumkronen hängen voller Sonne, bewimpelte Vergnügungsdampfer füllen sich am Landesteg mit Ausflüglern. Nicht weit davon ist die Stelle, an der Heinrich von Kleist mit seiner Freundin Selbstmord beging. Ich nenne einem Taxifahrer mein Ziel, und nach fünf Minuten biegen wir von der Haupt- in eine stille Nebenstraße ein, die fast ganz vom Laub überkuppelt wird und in angenehmen Biegungen zur Landzunge Heckeshorn führt.

Vor einem imposanten schmiedeeisernen Tor schelle ich. *Schullandheim* steht auf einem Schild. Am Ende einer von Kiefern gesäumten Auffahrt sind einige weiße Säulen sichtbar und eine offene Tür; das restliche Gebäude wird von Bäumen verdeckt. Als eine Frauenstimme sich durch einen kleinen Lautsprecher erkundigt, wer ich sei, sage ich nur, daß ich aus Amsterdam komme. Aus irgendeinem Grund summt das Tor auf. Bei jedem meiner Schritte enthüllt sich das zierliche, pavillonartige Schlößchen aus dem 18. Jahrhundert mehr. Im nächsten Augenblick kann Goethe in Gesellschaft des Herzogs von Weimar heraustreten und über die Urpflanze plaudern. An der Tür entschuldigt sich die Haushälterin, weil die Direktorin gerade Ferien mache.

Ich lasse mir alles über das Schullandheim erzählen, bleibe aber auf dem blitzblank gebohnerten Parkett des Vestibüls stehen. Während sie erklärt, daß Kinder aus ganz Deutschland und sogar aus dem Ausland, auch aus Holland, hier klassenweise einige Wochen mit ihren Lehrern verbringen und in diesem Saal Unterricht bekommen, in jenem essen, hier spielen – blicke ich durch die offenen Gartentüren zur Terrasse, zur Marmorvase im Gras, zu den Bäumen und dem See dazwischen, auf dem Segel zu sehen sind und Vergnügungsdampfer mit Musik vorbeifahren. Zwei schlanke korinthische Säulen stützen die Decke. Die Türen sind mit pompejanischen Mosaiken eingelegt. Eichmann verschickte die Einladungen. Am 20. Januar 1942 teilte Heydrich auf diesem Parkett, ein Glas Kognak in der Hand, den höchsten zuständigen Autoritäten mit, daß der Führer sich zur Endlösung der Judenfrage entschlossen habe. Jeder begriff unverzüglich, was damit gemeint war, wenn es auch niemand sofort faßte. Eichmann hatte Heydrichs Rede vorbereitet; er stand als Zwölfter auf dem Protokoll.

»Nichts tut Kindern so gut wie ein Umgebungswechsel«, sagt die Haushälterin. »Sie finden es hier herrlich.«

KURFÜRSTENSTRASSE 116. Es gibt sie noch. An der Verlängerung des erleuchteten Kurfürstendamms mit seinen geheizten, bonbonniereartigen Caféterrassen, hinter der Gedächtniskirche, auf der Höhe des neuen Hilton Hotels steht ein dunkler Koloß mitten in einem Brachfeld. Bei der Zerstörung dieser Gegend im November 1943 entging er den schlimmsten Volltreffern, die pompöse Sandsteinfassade ist sogar ziemlich unbeschädigt. Die hohen Fenster sind alle zugemauert. Von den zahllosen Fenstern von Nr. 115, das eine architektonische Einheit mit Nr. 116 bildet, hängt Wäsche zum Trocknen. Im Portal spielen Horden ärmlicher Kinder. Dieses Gebäude, in dem Blobel gewohnt haben soll, ist nun Durchgangshaus für Ostflüchtlinge.

Nr. 116 blickt zugenagelt und steinern über das Brachfeld. Während ich es in mich aufnehme, muß ich an Eichmanns Gesicht in Jerusalem denken. Es gleicht ihm. Das Rattern der Todeszüge ist in Europa verstummt, das Kreischen in den unterirdischen Gaskammern von der Erde aufgesaugt, die Asche von der Weichsel zum Meer gespült. Über der Tür des Innenhofes steht auf dem Schild:

UNBEFUGTEN ZUTRITT VERBOTEN
LEBENSGEFAHR

Auf der Rückseite wurde viel beschädigt, die Mauern sind zerstört, das Dach weggerissen. Als Eichmann 1945 aus Budapest zurückkehrte, wo er die Deportation von Hunderttausenden organisiert hatte, konnte von »sachlicher Arbeit« keine Rede mehr sein, wie er am 1. Juni 1960 Less berichtet. Es herrscht Chaos, Nacht für Nacht erfolgten Luftangriffe, die Russen näherten sich Berlin von allen Seiten, und er beschloß, sein Leben möglichst teuer zu verkaufen und aus seinem Büro eine Festung zu machen. Schon seit Jahren hatte er ein unterirdisches System von Bunkern angelegt; jetzt richtete er MG-Nester in den Kellern und in den benachbarten Ruinen ein, er ließ die Straßenbahnschienen der Gegend ausgraben und machte daraus Tanksperren. Außerdem ließ er schweres Geschütz auffahren, sowie Proviant einlagern. Während seine Kollegen sich falsche Papiere auf den Namen von Versicherungsagenten machen ließen, sagt er, daß er sich freute »auf den Kampf um Berlin, denn ich kannte mein listig angelegtes Verteidigungssystem, und für mich gab es überhaupt keinen anderen Gedanken mehr auf der Welt, als nun in diesem Endkampf um Berlin den Tod – wenn ich ihn nicht von selbst finde – ihn auf jeden Fall zu suchen.«

Doch zu seinem Schrecken wurde er von Himmler mit einem

neuen Auftrag fortgeschickt. Er mußte unverzüglich einige hundert prominente Juden aus dem Konzentrationslager Theresienstadt in Sicherheit bringen: der Idiot von Reichsführer hatte vor, sie bei seinen geplanten Verhandlungen mit Eisenhower als Geiseln zu benutzen. »Wieder Kummer im Herzen«, machte sich Eichmann auf den Weg, »denn meine Verteidigungsanlage, die ich mir schön zurechtgelegt hatte – mußte ich wieder im Stich lassen, und ich wußte nicht, ob ich davon noch Gebrauch machen konnte, denn die Front rückte ja mit Riesenschritten auf Berlin zu.« Er behielt recht. Sosehr er sich auch beeilte, um rechtzeitig zurückzusein, er fand den Weg nach Berlin abgeschnitten. Wäre er nur unterwegs umgekommen, sagte er seufzend zu Less, »in Berlin konnte ich auch nicht mehr kämpfen, ich hatte überall alles vorbereitet, die ganze Zeit, und überall alles geplant, aber ich kam nie und nie dazu: Es ging mir bei diesen meinen persönlichen Sachen haargenau so, wie es mir die ganzen Jahre bei den Bemühungen um die Beschaffung irgendeiner Stelle von Land und Boden für die Juden gegangen ist. Ich weiß es nicht, es ist wie verhext gewesen, mein Leben. Was ich auch plante, und was ich auch wollte und machte und machen wollte, hat mir das Schicksal irgendwie verwehrt und hat mir einen Strich durch die Rechnung gemacht. Egal, was es immer gewesen ist. Herr Hauptmann haben meine Darstellung gehört, es ist auf der ganzen Linie dasselbe.«

Über dem Haupteingang hängt ein rotes Schild: BRÜDERVEREINSHAUS. Das war es, ehe die SS einzog, ein jüdisches Vereinshaus, das in die Zentralstelle für jüdische Auswanderung verwandelt wurde. Nach der Vertreibung, beziehungsweise Vernichtung des deutschen Judentums behielt es Eichmanns Gestapo-Amt IV B 4 weiterhin als Büro. Auch in Wien und Prag wandte er später das System an, sich im Zentrum des jüdischen Lebens einzunisten – als Krebsschaden.

Da die Tür geschlossen ist, erkundige ich mich in der Bierschwemme, der Kneipe an der Ecke des Gebäudes. Die Wirtin verweist mich mürrisch an eine Frau, die den Schlüssel hat.

In einer Nebenstraße des Kurfürstendamms finde ich sie – nachdem ich zwei Stunden auf sie gewartet habe – hinter einer von Kugeln und Bombenscherben pockennarbigen Fassade. In einem muffigen Büro, wo eine zweite alte Dame hinter einer klapprigen Schreibmaschine sitzt, gibt sie mir Auskunft. Nein, daraus werde nichts. Einmal habe sie einen Journalisten hineingelassen, der daraufhin nur sensationellen Unsinn verzapft habe: die Tür zum Kohlenkeller habe er »Gestapogitter vor der Folterkammer« genannt; ihr Gehalt sei übrigens nicht so hoch, daß sie dafür auch noch Fremde herumführen könne. Ich sage, ich sei unermeßlich reich und gern bereit, zu einer neuen Schreibmaschine beizusteuern; daß ich kein Journalist, sondern Kriminologe sei, der Eichmanns Beschreibung des Hauses mit dem Haus selbst vergleichen wolle, um die Zuverlässigkeit seines Gedächtnisses zu prüfen – aber sosehr ich auch bettle, schmeichle, drohe und heuchle, etwas später sitze ich wieder in einem Taxi und habe nichts anderes im Kopf als den Namen der Boulevardzeitung.

Vielleicht kann man mir dort behilflich sein. In der Redaktion ist niemand mehr; nach vielem Herumwühlen finde ich endlich mit Hilfe des Portiers den betreffenden Artikel. Ein angerufener Redakteur sagt brummig, wer ihn verfaßt hat. Der Mann sei vor zwei Wochen nach Frankfurt versetzt worden. Zum Glück nennt er den Namen einer anderen Zeitung, die ebenfalls, wenn auch später, über das Haus geschrieben habe. Die Zeitung befindet sich im selben Gebäude; ich nehme den Lift nach oben und gerate in den Hexenkessel einer Morgenzeitung. Eine Dreiviertelstunde später weiß ich genau, wer den Artikel in dieser Zeitung verfaßt hat. Dem Mann wurden gestern die Nierensteine operiert.

Als ich wieder in der Kurfürstenstraße stehe, nehme ich das Haus Meter für Meter in mich auf. Wir wollen doch sehen, wer der Stärkere ist. Unter dem Dachsims erblicke ich plötzlich ein Fenster, vor dem Gardinen hängen. Auf dem Innenhof entdecke ich einen Eingang und eile sechs Treppen hinauf. Eine magere, etwa fünfzigjährige Frau im Mantel und mit Hut macht auf; als sie hört, daß ich mich für das Haus interessiere, überschüttet sie mich mit Beschimpfungen. Ich sei sicherlich Journalist! Kürzlich sei auch über sie geschrieben worden – könne sie denn etwas dazu, daß sie arm sei und hier wohnen müsse? Man solle ihr doch eine anständige Wohnung geben! Nach einer Viertelstunde gehe ich mit ihr über den weitläufigen Dachboden und über das jetzige Dach, das früher jedoch gekachelte Küchen waren. In einem aufgemauerten Schacht führt eine Treppe ins Innere des Gebäudes; davor befinden sich ein unerschütterliches Eisengitter mit Hängeschloß. Wir probieren zehn Schlüssel aus, keiner paßt.

Allerdings habe ich inzwischen eine neue Adresse: die einer

Dame, deren verstorbener Mann Hausmeister der Kurfürstenstrasse 116 war, sowohl zur Zeit des Brüder-Vereins als auch zur Zeit Eichmanns und noch einige Jahre nach dem Krieg, als das Gebäude Thefi-Haus hieß und das Vergnügungszentrum der Gegend war.

Die alte Witwe wagt nicht, mich hereinzulassen.

»Ich bin zweiundsiebzig, verstehen Sie .... Ich kann Ihnen nichts erzählen, es tut mir leid. Zu mir war Herr Eichmann nie unfreundlich. Er war oft weg. Man wußte eigentlich nie, ob er noch da war oder nicht. Wenn er nicht »Heil Hitler« sagte, sagte ich es auch nicht. Einer der anderen, Herr Günther, sagte einmal zu mir: „Wissen Sie, daß er Oberstleutnant ist?" Da sagte ich: „Ich bin auch ein Mensch." Wenn dieser Herr Günther einen ansah, hatte man das Gefühl, daß seine Augen wieder aus dem Rücken herauskamen. Mit meinem Mann hatte Herr Eichmann oft Krach, aber er wußte genau, daß er niemand anders an seiner Stelle bekommen konnte, und am nächsten Tag ließ er ihn immer rufen und renkte die Sache ein. Mein Mann war ein großer Dickkopf, der ließ sich von niemand etwas vorschreiben, auch nicht von der SS. „Sollen sie mich doch in ein Konzentrationslager stecken", pflegte er zu sagen.«

»Kennen Sie einen gewissen Blobel?«

»Blobel? Das weiß ich nicht mehr. Den Namen habe ich, glaube ich, schon einmal gehört. Das war sicher auch so einer. Die waren alle gleich. Daß Herr Eichmann sich keine Kugel durch den Kopf gejagt hat, verstehe ich nicht. Wenn ich ihn jetzt wiedersähe, würde ich zu ihm sagen: „Herr Eichmann, Sie sollten sich schämen!"«

Aber einen Schlüssel hatte sie nicht mehr, und ich kehre, am Ende meines Lateins, zur Bierschwemme zurück und versuche, die Wirtin mit guten Worten und Schnäpsen zu bearbeiten. Ihr Haar ist jedoch rotgefärbt, und sie bleibt unerschütterlich wie ein Fels. Ich erwäge Gewalt, schaue mich um, ob ich irgendwo einen Nagel mit einem Schlüssel sehe... Zähneknirschend gehe ich wieder nach draußen und stelle mich auf die andere Straßenseite. Noch nie habe ich so sicher gewußt, daß ich es schaffen werde! Ich schwitze, denke mir Listen aus .... und an diesem Punkt muß ich meinen Bericht leider in Dunkelheit hüllen.

Wir setzen ihn eine halbe Stunde später fort: ich stehe im Vestibül des ehemaligen Amtes IV B 4, des Hauptquartiers von

Eichmann.

Das Verhör in der Hand, starre ich mit fast offenem Mund in den dunklen, ausgestorbenen Raum. Aus allen Richtungen ertönt Gezwitscher, leises Gurren, Flügelflattern, aber ich erblicke nichts, was sich bewegt. Von dorischen Säulen flankiert, steigt vor mir eine breite Treppe aus zartrosa Marmor empor, links und rechts davon sehe ich dunkle Zimmer voller Besen, Kisten und leerer Flaschen. (*... da war die Registratur, Geheime Reichssache, Geheimregistratur und offene Registratur. Sonst war im gesamten vorderen Trakt nicht mehr gewesen, als wie unten die Wache natürlich, unten, sonst war da gar nichts mehr gewesen. Und jetzt wußte man, wenn man hier reinging, vorne, da kam man in eine Art Foyer, und da ging hier eine breite Treppe herauf....)* Durch die Grabesstille, welche die Vögel nicht brechen können, gehe ich die Treppe hinauf. Ich bin mir bewußt, daß ich mich in einem administrativen Spukschloß befinde, wie es kein zweites auf der Welt gibt. Auch die hohen Wände sind aus Marmor. Durch die Art Portal, über dem die Worte BRÜDER-VEREIN eingraviert sind, gelange ich in einen Korridor, dessen Wände mit Karikaturen bemalt sind, ein Amerikaner, der einem Mädchen den Rock hochhebt, ein Mädchen hinter einem Kinderwagen, ein Friedensengel, der Schutt wegräumt. Die stammen aus den Tagen des Thefi-Hauses, da hier mit Amerikanern getanzt, geflirtet und Kartoffelsalat gegessen wurde. In allen Nebenzimmern stehen verkommene Bars und kaputte Stühle. *(... da war jetzt hier einmal Moes und Woer, und noch irgendein Inspektor, die hatten also drei Zimmer zusammen ...)* Der Korridor mündet in einen verfallenen runden Saal, dessen Mauern mit bunten Papierschnipseln und Bierreklamen beklebt sind; in Nischen stehen Reklameflaschen aus Pappe, es gibt eine kleine Bühne, und aus der durchweichten Decke hängt Stroh herab. *(... in einem Rundsaal hatten sich Leute abends versammelt, wenn sie musizierten. Da stand, glaub ich, ein – ein – Klavier drin, das wurde im Lauf der Zeit reingebracht, von der SS-Truppenbetreuung. Dann waren Geigen und so Zeug drin gewesen, da wurde musiziert. Sonst waren unten keine Diensträumlichkeiten, nein ...)* Nach dem Bericht im Verhör, der ziemlich unübersichtlich ist und bei dem der Grundriß fehlt, liegt auf der anderen Seite des Saales ein zweiter Saal, von dem eine Treppe zur Rückseite des Gebäudes hinaufführt, wo sich die eigentlichen Büros des IV B 4 befanden. Vermutlich ist die Bühne späteren Datums und versperrt den Durchgang. Ich kehre um und versuche, von einer anderen Seite hinzugelangen. Im großen Vestibül, in dem die Treppe endet, führen zwei weitere Treppen nach oben. *(... breite Treppen ... die verlor sich dann oben einmal herüber, ein schmaler Gang, und hier oben rüber, ein schmaler Gang...)* Die linke Treppe ist unzugänglich, weil die Stufen voller Deckenstuck liegen; die andere Treppe führt zu einer Garderobe, deren Kleiderhaken seit ungefähr dreizehn Jahren nicht mehr benutzt worden sind. *(... aber ob's dann noch höher ging, das kann ich jetzt nicht .... das glaube ich ... sicherlich ...)* Es ist kein Grund vorhanden, es zu verschweigen, er weiß es wirklich nicht mehr, weil er immer durch den runden Saal nach oben ging. Es gibt dort tatsächlich noch eine breite Treppe, die jetzt von einer Sperrholzwand versperrt wird, zweifellos um den Liebespaaren nach dem Krieg den Zugang zu verwehren. Durch eine kleine Tür gelange ich nach oben, und dort fängt die große Verwüstung an. Die Sonne scheint durch die Löcher im Dach, und so leise wie möglich beobachte ich die Spatzen, die durch einen dorfkirchengroßen Saal hin und her flattern. Graue Tauben schweben sausend durch die Fenster herein und spazieren gurrend zu den Nestern, die sie in dem unbeschreiblichen Chaos gemacht haben. Alles Holzwerk ist verbrannt, der Boden ist eine graue Aschenfläche, in der die eisernen Querbalken sichtbar sind; sonst ist alles mit morschen Dachbalken und Ziegelscherben bedeckt. Dort liegt eine Zinkbadewanne, die vermutlich auf dem Dachboden gestanden hat. Die geschwärzten, durchweichten, gerissenen Wände waren einst mit Spiegeln behängt; Gipssäulen sind halb von ihrem Eisenskelett gestürzt. *(... ein sehr großer Saal, der war ewig leer ...)* Das Boulevardblatt in meiner Tasche bringt eine Aufnahme davon mit der Unterschrift, daß hier der Schreibtisch des Massenmörders stand, an dem er mit einem Federstrich ... Aber das geschah nicht hier. Umgeben von aufgescheuchten Vögeln, durchquere ich den Saal, wie ein Befugter, genau auf den Eisenbalken bleibend, denn jetzt ist es wirklich lebensgefährlich. Auf der anderen Seite gerate ich in einen komplizierten Komplex weggerissener Mauern und halber Zimmer. Eine Betontreppe, die ich hinaufsteige, endet geheimnisvoll am freien Himmel, von wo aus ich plötzlich halb Berlin überblicke.

In der Annahme, daß es sich um die Treppe handelt, von der er gesprochen hat, folge ich ihr ganz nach unten und gelange tat-

Der Greuel und sein Bild

28. 5. 1961

Nur zu Zeiten der Pest und Hunnenstürme hat die Menschheit in solchem Ausmaß Greuelgeschichten gehört wie in den letzten Wochen. Aber noch niemals hörte sie so massiv und direkt durch Radio, Zeitungen und Fernsehen lebende Menschen in einer frischgebeizten Zeugenbank. Kinder wurden aus dem Zimmer geschickt, Zeitungen versteckt, viele weigerten sich nach dem ersten Tag, die Berichte weiterzulesen. Der Schlag fiel genauso heftig, wie Hausner es beabsichtigt hatte. Denn da die Zeugen über Ereignisse aus ihrer Vergangenheit sprachen, die nie »Vergangenheit« werden, sondern ihnen immer so nahe bleiben wie der heutige Tag, ja vielleicht näher noch, stellt sich dasselbe »Heute« für diejenigen ein, die zuhörten. Für die Welt sind die Ereignisse, die sie in den letzten Wochen erfahren hat, im Augenblick des Hörens geschehen: im Frühjahr 1961.

Doch fast unverzüglich setzte die Reaktion ein: Geschichten erzählen ist nicht unverbindlich. Schon nach den ersten Zeugenaussagen machte sich Abstumpfung bemerkbar. Bald darauf, sagen wir nach der zweiten Woche, wurde bereits hier und da die Meinung laut, daß die Juden endlich damit aufhören sollten, über ihr Elend zu klagen, da es uns inzwischen genügend bekannt sei. Und natürlich ist es unerträglich, wenn ein Staatsbürger mit ernsten Geschäftssorgen, Schwierigkeiten mit seinem Sohn und einem Todesfall in der Familie mit einer Familie konfrontiert wird, deren Vater vergast, deren Kind in Stücke gerissen und deren Mutter durch Sterbende in einem Massengrab totgebissen worden ist. Das ist unerträglich. Darüber müssen die Juden allmählich hinwegkommen. Wir wissen es jetzt.

Aber das stimmt nicht: Wir werden es nie wissen. Es kann nicht gewußt werden. Und im Zuhörer, der Auge in Auge mit einer Geschichte steht, die aus seinem eigenen Ernst eine Komödie macht, erwacht Groll. Wenn jedoch Groll erwacht und Juden ihre Hand dabei im Spiel haben, beginnt es nach Gas zu riechen. Selbstverständlich weiß man das auch in Israel, hat allerdings keine Angst davor. Ich habe ihr Heer marschieren sehen. Wer sich dort, zum Beispiel aus Groll, an einem Juden vergreift, bekommt eine Handgranate an den Kopf; und der Jude, der außerhalb von Israel bleiben will, tut es auf eigenes Risiko und muß es selber wissen.

In diesem Zusammenhang erhebt sich die Frage: Inwieweit ist das Bild des Greuels die Ursache des Greuels?

Das Nazitum ist zweifellos eher aus bestimmten Bildern als aus bestimmten Gedanken entstanden. Ohne vorläufig über 'Ursachen' zu sprechen, können wir jedenfalls feststellen, daß dem Nazitum zumindest zahllose Bilder *vorangingen,* in denen seine Welt sichtbar wurde. Kunstwerke waren auch hier die Schatten, die künftige Ereignisse vorauswerfen. Es ist kein Grund vorhanden, zu vergessen, daß die Welt, die in den letzten Wochen am Fuße des Ölbergs sichtbar geworden ist, das mehr oder weniger geheime Verlangen der vorangegangenen Generationen geformt hat. Wie sieht diese Welt des Verlangens aus?

Nach dem neunten Höllenkreis verließen Vergil und Dante das Erdinnere diametral Jerusalem gegenüber. Wir irren ohne klassischen Führer und gesanglos über die Erdoberfläche, und die Kreise heißen nicht Cocytus oder Ptolomea, sondern Treblinka, Belzec, Lvov, Minsk. Denn es war nicht einmal eine Hölle, es war die Opferstätte Unschuldiger ... und Gott war eingeschlafen; und manche, die einen Spiegel vor seinen Mund gehalten haben, sagen, er sei längst tot.

Unter totem Licht liegt für immer die Welt der Zeugen: Spielende Kinder, die auf der Straße von SS-Männern überfallen, auf Lastautos geworfen, zu Tausenden in Güterwagen gestopft und zu den Gaskammern befördert werden *(Zeuge Peretz).* Kranke Kinder, die aus dem Kindersaal im vierten Stock auf die Straße geschleudert werden *(Zeuge Roß).* Babies, die vor den Augen der Mutter wie ein Lappen entzweigerissen werden *(Zeuge Bushminski).* Wohnviertel, die willkürlich abgesperrt, ausgehungert und in Brand gesteckt werden. Ihre Bewohner, die aus den Fenstern springen und mit zerbrochenen Knochen über die Straße zu kriechen versuchen, wobei die Soldaten erst lachend zuschauen und sie dann ins Feuer werfen. Kirchen voller Gläubigen, die in Brand gesteckt werden *(Zeuge Mazia).* Alte Priester, die auf den Rücken anderer Pferderennen abhalten müssen *(Photo).* Alte Frauen, die mit Zahnbürsten einen Platz schrubben müssen *(Photo).* Orchester, die Tanzmusik spielen müssen, während Tausende von nackten Familien hingerichtet werden *(Zeuge Wells).* »Eine alte Frau mit schneeweißen Haaren hielt das einjährige Kind auf den Armen, sang ihm etwas vor und kitzelte es. Das Kind quietschte vor Vergnügen. Das Ehepaar schaute mit Tränen in den Augen zu. Der Vater hielt an der Hand einen Jungen von etwa zehn Jahren, sprach leise auf ihn ein. Der Junge kämpfte mit den Tränen. Der Vater zeigte mit dem Finger zum Himmel, streichelte ihm über den Kopf und schien ihm etwas zu erklären. Da rief schon der SS-Mann« *(Zeuge Gräbe).* Hunde, die ein Stück Zucker bekommen, weil sie einen Fleischfetzen aus einem Mädchen gerissen haben *(Zeuge Bushminski).* Haushohe Leichenberge, Schuhberge, Brillenberge, Prothesenberge, Scheunen voller Frauenhaar, Eimer voller Goldzähne. Felder, bedeckt mit Schädeln und Gebeinen *(Zeuge Berman).* Nackte Menschen, die im Winter mit Wasser übergossen wurden und erfroren *(Zeuge Neumann).* Menschen, die durch Injektion getötet und in großen Kesseln gekocht wurden, weil ihre Skelette ins Museum mußten. Andere, die davon aßen. Menschen, die von bereits schwarzgewordenen Leichen aßen. Gruppen von Herren, die mit Zylinder und Spazierstock in die Konzentrationslager kamen *(Zeuge Wells).* Ein Mann, der zwischen seiner Frau und seiner Mutter wählen muß, sonst werden sie beide erschossen *(Zeuge Dvorjzecky).* Folterungen und Hinrichtungen in den Kellern aller Städte. Gaskammern, die so vollgestopft werden, daß die nackten Menschen die Arme über den Kopf halten müssen; darauf werden die Kinder gelegt. Ein Mann, der zwei Tage lang gezwungen wird, zwischen Hunderten von Leichen seine eigene Leiche zu finden, und dabei immer wieder auf die seiner Tochter, seines Vaters oder seiner Frau stößt.

(Der Deutsche unter seiner Glasglocke hört unbeweglich zu. Manchmal beugt er sich etwas steif nach vorne und macht mit rheumatischen Händen eine Notiz.)

Diese Welt, die für immer die Geschichte Europas verpfuscht

hat, liegt dort wie eine Drohung. Wer mit einem Seufzer der Erleichterung über »die Vergangenheit« spricht, irrt sich. Das Europa von Raffael und Goethe hat mit dem Europa von heute ebensoviel zu tun wie ein Eimer Kuhmilch mit dem Gerinnsel, das entsteht, wenn man einen Schuß Essig dazugibt. Obwohl wir das saure Wasser inzwischen ein bißchen demokratisch destilliert und das Gerinnsel zu Wohlstandsquark verarbeitet haben, Milch ist es nicht mehr, und wir müssen aufpassen, daß von nun an nicht alle Wege nach Auschwitz führen. Jeder, der dieses liest, kann in weniger Jahren, als er Finger hat, in die Flammen seines eigenen Hauses, in dem er augenblicklich sitzt, geworfen werden. Etwa, weil er lesen kann, oder weil er blondes Haar hat, oder aus Gründen, die ihm nicht erklärt werden.

Dieser Welt der Zeugen galt seit Generationen das Heimweh der Künstler und Philosophen: in Frankreich nicht weniger als in Deutschland. Die Franzosen, die bewunderten Meister lateinischer Klarheit, haben ihr Folterfest in den letzten hundert Jahren nur mit Farbigen gefeiert, und darum beschränken wir uns darauf, »t-t-t« zu sagen, bis es anders wird. Das besonders im Zusammenhang mit Deutschen gern angewandte Wort »Sadismus« ist von einem französischen Eigennamen abgeleitet worden.

Noch vor Sade, der im Verbrechen die Offenbarung der tiefsten Wirklichkeit sah, stieg in Goethes »Faust« eine neue Unterwelt ans Licht. Etwas später schreibt Jean Paul: »Eine geistigere und größere Revolution als die politische, und nur ebenso mörderisch wie diese, schlägt im Herz der Welt.« Und kurz danach erscheinen in der deutschen Romantik die ersten unscharfen Bilder von Hitler und seiner Welt. Aus gotischer Finsternis taucht das Gesicht von Coppelius, dem »Sandmann«, aus E. T. A. Hoffmanns gleichnamiger Erzählung auf: »Ein häßlicher, gespenstischer Unhold, der überall, wo er einschreitet, Jammer – Not – zeitliches, ewiges Verbrechen bringt.« Während in Frankreich Lautréamont seinen Maldoror ein Mädchen von einer Bulldogge zerreißen läßt (ein »Opferaltar«), schreibt Nietzsche in Deutschland: »Jene ungeheure *Energie der Größe* zu gewinnen, um, durch Züchtung und andererseits durch Vernichtung von Millionen Mißratener, den zukünftigen Menschen zu gestalten und *nicht zugrunde* zu gehen an dem Leid, das man *schafft* und desgleichen noch nie da war!« Ein dreiviertel Jahrhundert später wird Himmler, vielleicht von diesem Text beeinflußt, was mir allerdings nicht wahrscheinlich vorkommt, fast wörtlich dasselbe sagen. Inzwischen hat Baudelaire bereits längst aufgezeichnet: »Die Reize des Abscheulichen berauschen nur die Starken.« So wird das Bild von Jahr zu Jahr schärfer. 1905 beschreibt Heinrich Mann in »Professor Unrat«, später als »Der blaue Engel« verfilmt, genau den künftigen Untergang des deutschen Intellektuellen. Nach einer weiteren kurzen Zeitspanne sagt André Breton, der Schöpfer des Surrealismus: »Wenn ich dem heftigsten und häufigsten Impuls, den ich in mir spüre, nachgeben würde, bliebe mir nichts anderes übrig, als mit Revolvern in der Hand auf die Straße zu gehen und zu sehen, was geschieht.« Nur ein Antisemit wird behaupten, daß es ein Unterschied sei, ob man willkürlich Passanten abknallt oder sich nur auf vorbeikommende Juden und Zigeuner beschränkt. Zur gleichen Zeit stellt der deutsche Expressionist Arnolt Bronnen fest: »Viel schreien ist besser als sehr klug sein.« Ehe ich fortfahre, möchte ich mich ausdrücklich mit all diesen Autoren solidarisch erklären: von Sade bis Nietzsche, von Hoffman bis Breton, und mit den zahllosen Romantikern, Expressionisten, Dadaisten, Surrealisten und Futuristen, die ich noch hätte nennen können. Ich bin ihr Kollege. Etwas schreiben und etwas tun – darin besteht eben der ganze Unterschied. Ich selbst habe einmal geschrieben, daß ich von einem Volk abstamme, »das sich damit zu belustigen pflegte, Säuglinge in die Luft zu werfen und sie mit Säbelspitzen aufzufangen« – deswegen bin ich freilich kein Nazi, sondern immer noch ein Schriftsteller (der sich von seiner romantischen Seite zeigt). Es ist wichtig zu wissen, wie sich die 'Bildner' einer künstlerisch vernichteten Welt zu einem Weltvernichter verhalten. Ob Sade und Hoffmann mitmarschiert wären, läßt sich schwerlich nachprüfen; der erstere wahrscheinlich wohl, der zweite wäre wegen seiner Mißgestalt vermutlich 'abgespritzt' worden. Auf Nietzsche komme ich noch zurück: Er hätte zweifellos zu Hitlers heftigsten Gegnern gehört. Bei den Expressionisten ist es unvorstellbar, daß sie nicht im ersten Weltkrieg gefallen wären. Brecht und Becher wurden jedenfalls überzeugte Antifaschisten und Parteikommunisten (letzterer brachte es zum Kultusminister in Ostdeutschland). Der ziemlich unbedeutende Bronnen schlug die falsche Richtung ein; von den Hauptfiguren machte eigentlich nur Gottfried Benn (»Totenvögel schrein/ und die Totenuhren/ pochen, bald wird es sein / Nacht und Lemuren«) ein paar Schritte über die blutige

Grenze zu Hitler. Daß die Dadaisten und Surrealisten integral von Hitler als entartet angeprangert wurden, sagt genug: er, der mit der Wirklichkeit das tat, was sie mit Formen taten, erkannte in ihnen seine Erzfeinde. Trotzdem haben fast alle Hohepriester von »Dada, dem großen Vernichter«, nach dem Krieg Gewissensbisse bekommen. Insoweit sie nicht Dada verfluchten oder katholisch wurden, schrieben sie, daß der Dadaismus für die Persönlichkeit kämpfte, oder über »unser großes, positives Werk« (Marcel Janko). Die Surrealisten wurden fast alle in irgendeiner Form Marxisten, Breton an der Spitze. Als Bewegung ist eigentlich nur Marinettis Futurismus dem Faschismus beigetreten – aber das war in Italien. Wenn Hitler nicht mit seinem Judenmord gekommen wäre, hätten nur wenige Leute daran gedacht, Mussolini besonders zu verabscheuen; Negermorde haben Europa nie lange geschmerzt.

Es läuft also darauf hinaus, daß Hitlers Welt, ehe sie in Erscheinung trat, hauptsächlich von »Gegnern« 'gebildet' wurde. Weil sie sie 'gebildet' hatten, konnten sie es sich leisten, Gegner zu sein. Ihr Talent hat sie gerettet. Weniger begabte Brüder, wie Hitler selbst, konnten ihr Heimweh nur durch tatsächliche Vernichtung stillen.

Oft darauf hingewiesen worden, daß eine der Hitler am nächsten kommenden Prophetien nicht von der Literatur geliefert wurde, sondern vom jungen deutschen Film. 1920 taucht Coppelius unter dem Namen »Dr. Caligari« in den deutschen Kinos auf. Er hat inzwischen einen Helfer bekommen: das Medium Cesare, das unter Hypnose Morde verübt, die ihm befohlen werden. Als Cesare schließlich selbst getötet wird, verfällt Caligari dem Wahnsinn. Dieselbe chaotische Welt von Tyrannei, Rache, Mord und gefährlichen Theorien erscheint zwei Jahre später in Fritz Langs »Dr. Mabuse«. Dieser ist der Leiter einer großen Bande von Mördern und Falschmünzern, hypnotisiert ebenfalls und wird zuletzt im Keller seines Hauses verrückt. Aber 1922 schlug Hitlers SA bereits politische Gegner zusammen; und nach dem Krieg, als er in den Kellern der Reichskanzlei krepiert war, schloß die deutsche Filmindustrie den Kreis. Sie drehte einen neuen Mabuse-Film, der diesmal in einem Hotel, das die SS für prominente Gäste hatte bauen lassen, spielte. Wenn man nun die ganze Produktion von E. T. A. Hoffmann bis Fritz Lang überblickt, kann man sie alle wiederfinden: von Hitler-Coppelius-Caligari-Mabuse und Himmler-Cesare bis zu den mordenden SS-Männern in Mabuses Bande. Aber so sehr man auch sucht – und das habe ich getan – einer fehlt: Eichmann.

An ihn hat keiner gedacht. Sogar das größte Genie hat ihn nicht vermuten können. Den ruhigen, pflichtbewußten Beamten, der Maldorors Bulldogge das Mädchen reicht. Den ruhigen, pflichtbewußten Beamten, der dem Surrealisten einen Passanten zum Niederknallen bringt. Den ruhigen, pflichtbewußten Beamten, der Cesares Messer einen Studenten ausliefert. Den ruhigen, pflichtbewußten Beamten, der die europäischen Juden zu Rudolf Höß' Gaskammern transportierte.

Er war kein Cesare, der unter Hypnose stand, wie Himmler. Bei den Verhören hat er erklärt, daß er kein Antisemit sei, daß er die offizielle Parteilektüre nie und »Mein Kampf« nur oberflächlich und nicht ganz gelesen habe. Er interessierte sich nicht besonders für Hitler. Er gehorchte nur. Das Medium muß an den Hypnotiseur glauben, aber Eichmann war ein Medium ohne Glauben und Hypnose. Himmler glaubte an Hitler, aber Eichmann nur an den Befehl. Himmler hätte an niemand anderen geglaubt, aber Eichmann hätte auch jedem anderen gehorcht. Als keine Befehle mehr eintrafen, verwandelte er sich, wie Servatius treffend bemerkt hat, in einen »friedlichen Bürger«.

Er ist die Differenz zwischen Künstler und Mörder. Und wenn ich gesagt habe, daß Kunstwerke die Schatten sind, die künftige Ereignisse vorauswerfen, so sage ich jetzt, daß Eichmann keinen Schatten geworfen hat, weil er nicht das ist, *worüber* Künstler schreiben, sondern *weswegen* sie schrieben: Das neue Element, das sie beunruhigt nahen fühlten und das den papierenen Caligari als einen wirklichen Hitler erst möglich machte – das Symbol des »Fortschritts«.

Der Greuel und sein Ursprung

4. 6. 1961

Ich schrieb, daß das Nazitum eher aus bestimmten Bildern als aus bestimmten Gedanken entstanden sei. Es ist vielleicht nützlich, sich diese Behauptung erst etwas näher anzusehen, wenn wir untersuchen wollen, wie die von Hitler ausgeübte »Hypnose« – die nicht auf Eichmann wirkte – beschaffen und in welcher Hinsicht Eichmann das »Symbol des Fortschritts« war.

Kein vernünftiger Mensch bestreitet, daß Marx und Lenin Denker von Weltformat waren; aber im Vergleich zu Hitler war sogar Stalin ein philosophisches Genie. In den Reihen der Namen, die die Nazis als ihre ideologischen Vorgänger anführten, nahm Nietzsche den Ehrenplatz ein. Von oberflächlichen Lesern wie den Nazis selbst abgesehen, vertreten nur noch kommunistische und christliche Ideologen, die aus dem In-Verruf-Bringen dieses großen Geistes persönlich Nutzen ziehen, die Auffassung, in Nietzsche den Inspirator des Nazismus zu sehen. Für die wenigen Übriggebliebenen ist Nietzsche eher das erste *Opfer* des Nazismus. Er weiß: »Es wird sich einmal an meinen Namen die Erinnerung an etwas Ungeheures anknüpfen – an eine Krisis, wie es keine auf Erden gab, an die tiefste Gewissens-Kollision, an eine Entscheidung, heraufbeschworen *gegen* alles, was bis dahin geglaubt, gefordert, geheiligt worden war.« Er weiß es, aber fühlt sich dabei nicht glücklich. »Mir besteht mein Leben jetzt in dem Wunsche«, schreibt er an seinen Freund Overbeck, »daß es mit allen Dingen anders gehen möge, als ich sie begreife; und daß mir jemand *meine* 'Wahrheiten' unglaubwürdig mache.«

Diese Wahrheit, die niemand ihm unglaubwürdig hat machen können, bestand aus der Erkenntnis, daß Gott tot ist, daß die höchsten Werte entwertet sind und daß der Nihilismus vor der Tür steht: »der unheimlichste aller Gäste«. Daraus erfolgte neben vielem anderen ein mörderischer Angriff auf die christliche Moral, die den Menschen vereinfacht und verleugnet; aus jenem Trümmerhaufen erhob sich nicht so sehr eine neue Moral für den einzelnen als eine Moral von der *Rangordnung* der einzelnen mit allen Implikationen der Zuchtwahl und Gewalt: Der Oberste darf töten, der Unterste muß sterben. Er sagte, er beschreibe die Geschichte der nächsten zwei Jahrhunderte – nur selten hat sich eine dermaßen krasse Behauptung als dermaßen richtig erwiesen; das kann festgestellt werden, obwohl wir noch ein ganzes Jahrhundert vor uns haben. Aber er sagte auch über sein Buch »Der Wille zur Macht«: »... ich wünschte es französisch geschrieben zu haben, damit es nicht als Bestärkung irgendwelcher reichsdeutschen Aspirationen erscheint.«

An eine solche Stelle hat Hitler bestimmt nicht gedacht, als er Mussolini Nietzsches gesammelte Werke schenkte. Was hätte er auch von einer Bemerkung wie dieser denken sollen: »Das Verlangen nach Zerstörung, Wechsel, Werden *kann* der Ausdruck der übervollen zukunftsschwangeren Kraft sein.... ; es kann aber auch der Haß der Mißratenen, Entbehrenden, Schlechtweggekommenen sein, der zerstört, zerstören *muß,* weil ihn das Bestehende, ja alles Bestehen, alles Sein selbst, empört und aufreizt.« Goebbels dachte dabei jedenfalls an die Juden; in einer Rede, die er im November 1940 in Prag hielt, kehrt die ins Schurkische abgewandelte Wendung zurück: »Wie der Kartoffelkäfer die Kartoffelfelder zerstört, ja zerstören *muß,* so zerstört der Jude die Staaten und Völker.« Aber Nietzsche hatte einmal geschrieben: »Ich lasse eben alle Antisemiten erschießen ...« Aus zahlreichen Bemerkungen geht hervor, daß er ein überzeugter Anti-Antisemit war, und wenn er auch Millionen von Schwachen und Minderwertigen ausgerottet sehen wollte, so war es jene Art von Menschen, die zu Nazis wurden und es immer wieder werden.

Von Hitler dürfen wir ohne weiteres annehmen, daß er Nietzsche niemals gelesen hat. Was er las, waren höchstens antisemitische Broschüren, wie er in »Mein Kampf« erzählt. In den Schützengräben des ersten Weltkriegs las er vielleicht »Also sprach Zarathustra« und Stirners »Der Einzige und sein Eigentum« – jedenfalls las es mein Vater, der damals im selben Heer diente, allerdings einen höheren Rang innehatte, so daß Hitler vor ihm stramm stehen mußte. In meinem Familienexemplar finde ich folgende Stelle angestrichen: »Morgen trägt man Dich zu Grabe; bald werden Deine Schwestern, die Völker, Dir folgen. Sind sie aber alle gefolgt, so ist – die Menschheit begraben, und Ich bin mein eigen, Ich bin der lachende Erbe!«

Man hat mehrmals darauf hingewiesen, daß er, Hitler jetzt wieder, während seines Besuches im Hause »Wahnfried« zu Bayreuth etwas von Nietzsche erfahren haben soll: in dem Brutnest all dessen, was reaktionär war, und der Wohnstätte der Töchter seines Idols Richard Wagner, des Autors grandioser Musik, ausgezeichneter Essays wie »Oper und Drama« und vorbildlicher antisemitischer Schriften wie »Das Judentum und die Musik«. Doch was er auch erfahren haben mochte, er übernahm nicht Nietzsches Denken, sondern nur das 'Bild' von Nietzsche: den »Übermenschen«, den unbarmherzigen »Herrenmenschen« auf seinem luftdünnen Gipfel, was gerade der schwächste Punkt des ganzen Nietzsche ist, der als kühler Denker und geschworener Feind alles Unklaren und Gefühlsmäßigen in den letzten hundert Jahren nicht übertroffen wurde, aber gerade als 'Bildner' eine recht schlechte Figur macht, obgleich er glaubte, daß alle Großen der Geschichte *zusammen* nicht einmal eine einzige Rede seines Zarathustra hätten zustande bringen können. Doch da nahte schon die geistige Umnachtung, die man 'Hitler' nennen kann und dessen 'erstes Opfer' er war.

Hitler nahm, was ihm in den Kram paßte. In den Jahren der 'Kampfzeit' wird der heruntergekommene blasse junge Mann mit seinen hervorspringenden Backenknochen und fanatischen hellblauen Augen auch von anderen 'Vorgängern' gehört haben. Zwischen den Komplotten und Schlägereien wird in den Bierkneipen von München unter der phantastischen Gesellschaft, die ihn umgab, viel geredet: unter entlassenen Offizieren, verkrachten Studenten, versumpften Advokaten, reaktionären Journalisten, einem ehemaligen Pferdehändler, einem schwulen Ringkämpfer, einem Rausschmeißer, Zuhälter – die schließlich, soweit sie nicht auf dem Weg zur Macht ermordet wurden, als Minister, Generäle, Unterkönige eroberter Länder und dann wiederum am Galgen endeten, fünfunddreißig Millionen Tote und ein verheertes Europa hinter sich lassend.

Durch sie hörte er von den Philosophen der Gewalt, wie dem Franzosen George Sorel und dessen Theorie der Mythe, die der

Tat vorangeht. Er hörte von »Geopolitik« und »nordischer Mythologie«. Vor allem erzählte ihm ein junger Architekt aus Estland von der bereits bestehenden Rassenlehre.

Die 'Lehre', von der Rosenberg erzählte, war nun an sich schon ein 'Bild' und kein Gedanke. Er erzählte vom französischen Grafen Gobineau (Nietzsche hätte vielleicht doch lieber *englisch* schreiben sollen ...), der im vorigen Jahrhundert als erster eine pseudowissenschaftliche Methode entwarf, mit der die Geschichte durch den Kampf zwischen qualitativ verschiedenen Rassen erklärt wurde. An Bastardisierung wird die Kultur untergehen. »Nicht der Tod erweckt unsere Traurigkeit, sondern die Gewißheit, daß er uns nur entehrt ereilt.« Alles ist bei Gobineau noch in feudale Wehmut gebettet; der Nachdruck liegt nicht auf Antisemitismus. Das ändert sich beim Folgenden, von dem Rosenberg erzählt: Houston Stewart Chamberlain, dem Sohn eines englischen Admirals. (Jetzt weiß ich es: Nietzsche hätte *holländisch* schreiben sollen, kein Hahn hätte dann danach gekräht.) Jener Philosoph war mit der Wagnertochter Friedelind verheiratet, Hitler lernte ihn auch bald in »Wahnfried« persönlich kennen und stieß auf maßlose Bewunderung. Rosenberg las Hitler aus Chamberlains »Die Grundlagen des 19. Jahrhunderts« vor. Darin wird die Rassenlehre zu einer aggressiven Weltanschauung mit äußerst antisemitischer Tendenz erweitert. Alle Elemente sind hier bereits vertreten: das arisch-germanische Lichtvolk, der Imperialismus, Christus kein Jude, Kultur, Mythos, Völkerchaos. Und nun erhebt Rosenberg, der nicht zu reden aufhören kann, selbst seine Stimme und schreibt »Der Mythos des 20. Jahrhunderts«. Jetzt wird es eine demagogische Pogromphilosophie, in der Hitler als eine Art Über-Übermensch erscheint und der gewöhnliche SS-Übermensch die moralische Berechtigung zum Mord erhält. Daraus wiederum stammt die kreischende Stimme Streichers, der nicht einmal Denken vorgibt, sondern schon 1939 schreit: »Die Juden in Rußland müssen getötet werden! Sie müssen ausgerottet werden mit Stumpf und Stil!« Und »Judenhetzer Nummer eins«, wie er sich selber nannte, schrie noch, als er sieben Jahre später gehenkt wurde – er hatte sich geweigert, sich anzuziehen, weigerte sich zu gehen und mußte von den amerikanischen MP zum Galgen getragen werden, während er schrie: »Heil Hitler! Heil Hitler! Heil Hitler! Heil Hitler!«

Und der redselige Rosenberg? Er hätte sich lieber ans Reden

halten sollen. Als Reichsminister für die besetzten Ostgebiete ging er zu den Taten über, die Streicher ausgeschrien hatte. Als ihm in Nürnberg die Schlinge um den Hals gelegt wurde, sagte er nicht einmal wie die anderen, daß er Deutschland liebe. Er schwieg.

Doch es wäre ein großer Irrtum, wenn man meinte, hier liege der Ursprung des Greuels. Ohne Hitler hätte das mordsüchtige Geschwätz noch jahrhundertelang weitergehen und höchstens eine Reihe von Pogromen bewirken können, die während der ganzen christlichen Zeitrechnung stattgefunden haben. Millionen von Menschen, die heute tot sind, würden noch am Leben sein. Die ganze Sache ist, daß Hitler die Schriften von Gobineau bis Rosenberg nicht nötig hatte. Er respektierte sie als eine gewisse kanonische Tradition, die neben oder hinter dem, was er selbst besaß, weiterging, nämlich etwas wesentlich Fürchterlicherem: einer mystischen Offenbarung. Er brauchte weder zu lesen noch zu denken. *Er war ein Wissender.*

Vor dem Krieg war die Auffassung gang und gäbe, die auch heute noch Anhänger hat (zum Beispiel Hausner), daß die hohen Naziführer selbst nicht an ihre Lehre glaubten, daß sie diese nur zynisch und demagogisch benutzten, um ihr Ziel, die Weltherrschaft, zu erreichen. Rauschning glaubte, es sogar durch einen Ausspruch aus Hitlers eigenem Mund zu beweisen: »Ich weiß genau, daß im wissenschaftlichen Sinn nichts Derartiges wie Rasse existiert. Ich als Politiker brauche eine Konzeption, die es möglich macht, die bisherigen historischen Grundlagen zu vernichten und an ihre Stelle eine vollständig neue antihistorische Ordnung zu setzen und dieser eine intellektuelle Basis zu geben. Mit der Rassenkonzeption kann der Nationalsozialismus seine Revolution durchführen und die Welt umstülpen.« Daraufhin fragt Rauschning, ob er beabsichtige, die Juden auszurotten. »Nein«, sagt Hitler. »Sonst müßten wir sie wieder erfinden. Es ist wesentlich, daß man immer einen sichtbaren Gegner habe, nicht bloß einen abstrakten.«

Seitdem sind die Juden zu Millionen ausgerottet worden, und die Absicht war, daß kein einziger mehr sichtbar sein sollte. Auch kann man nicht behaupten, daß die von Hitler selbst und Streicher aufgehetzte Volkswut befriedigt werden mußte, denn gerade die Judenvernichtung war die geheimste aller »Reichssachen«. Befriedigung hatte nichts damit zu tun – abgesehen von einigen tausend Berufssadisten in den Lagern und den »Einsatztruppen«;

wie es sich in dieser Hinsicht mit Himmler und Eichmann verhielt, soll später erörtert werden. Auch eine Hegelianische Berufung auf die »Dialektik der Ereignisse«, auf »Zwangsmäßigkeit«, deren sich Hausner bediente, ist ungenügend.

Rauschning hat sich einfach reinlegen lassen. Hitler fand es nützlich, im Ausland nur für einen zynischen Demagogen angesehen zu werden, das heißt für einen intelligenten Mann, dessen Mordlust sich schon in Grenzen halten würde – und Rauschning erzählte überaus erfolgreich weiter, was Hitler der Welt weismachen wollte. Aber sie hielt sich nicht in Grenzen. Die Wahrheit ist schrecklicher. Seine ganze Lehre war zynische Demagogie, *außer* dem Antisemitismus, ja *wegen* des Antisemitismus. Ein einziger Mensch wurde vom Judenmord befriedigt, und zwar Hitler.

Um dies aufzuzeigen, müssen wir uns Stellen aus »Mein Kampf« zuwenden, in dem er seine Entwicklung zum Antisemiten beschreibt – Stellen, die nach Rauschnings »Enthüllungen« allgemein als überspannte Lügen abgetan wurden und von denen man heute gelinde sagt: »Es ist so, als betrete man eine Welt von Irren; der Jude ist kein menschliches Wesen mehr, er ist zur mythischen Gestalt geworden, ein grinsender, glotzender, mit höllischen Kräften ausgestatteter Teufel ...« (Bullock) Höllische Kräfte! Wo kommen die her? Auf jenen Seiten von »Mein Kampf« steht das Bild, in dem der Greuel seinen Ursprung hat. Denn so muß es gelesen werden: vom Tod unzähliger Menschen und nicht von einem fanatischen Politiker aus, der mit fünfunddreißig im Gefängnis schreibt.

Wir wollen einmal, wie es Rauschning tat, dem Führer aufs Wort glauben und annehmen, daß er durch eine 'höhere Macht' gesandt wurde – ohne uns jetzt oder später auf die akademische Frage einzulassen, ob wir diese Macht nicht lieber 'Psychose' oder 'Schizophrenie' nennen sollen. Dabei finden wir ein Hilfsmittel in der vergleichenden Mythenforschung, die sich mit dem Konstruieren von möglichst allgemeingültigen Schemata befaßt. Es ist nicht die sympathischste Wissenschaft, die es sich zur Aufgabe gemacht hat, alles Lebende und Individuelle auszuschalten, um schließlich ein Skelett vorzuzeigen, das ebensogut von Macchiavelli oder vom heiligen Franziskus sein kann. Wir wollen den umgekehrten Weg einschlagen und das Skelett mit neuen Organen, Fleisch und einem von einem kleinen Bürstenschnurrbart verzierten Gesicht ausstatten. Das Gerippe, das wir dazu nötig haben, finden wir in Joseph Campbells »The Hero with a Thousand Faces«. Ich bediene mich absichtlich dieses bereits vorhandenen Rahmens: wenn ich auf eigene Faust Vergleichsobjekte heranbringen würde, könnte man mich vielleicht der Voreingenommenheit bezichtigen.

Nach einer eindrucksvollen Schau mythischen Materials aus allen Zeiten und Himmelsrichtungen stellt Campbell in seinem Schlußkapitel (The Keys) das Gerippe des mythischen Helden auf. Neun Meilensteine bezeichnen seinen Weg – von seinem Aufbruch aus dem normalen Leben bis zu seiner Rückkehr mit dem eroberten Elixier, das die Welt retten wird. Ich werde diese Meilensteine der Reihe nach an chronologischen Stellen aus dem betreffenden Stück im ersten Teil von »Mein Kampf« aufzeigen.

Ihnen gehen einige haßerfüllte Seiten über den Marxismus voran, der alles Schöne durch den Dreck zieht, und über die Sozialdemokraten, die im Grunde Landesverräter sind. Dann geht er über zu der Enthüllung, was der 'Kern' und die 'wirklichen Absichten' der Sozialdemokratie sind. Er schreibt, daß er im Linzer Haus seines Vaters das Wort 'Jude' nicht einmal gehört habe. »Ich glaube, der alte Herr würde schon in der besonderen Betonung dieser Bezeichnung eine kulturelle Rückständigkeit erblickt haben.« Als Fünfzehnjähriger hörte er das Wort oft bei politischen Gesprächen in der Schule: »Ich empfand dagegen eine leichte Abneigung und konnte mich eines unangenehmen Gefühls nicht erwehren, das mich immer beschlich, wenn konfessionelle Stänkereien vor mir ausgetragen wurden.«

Damals war demnach alles noch in Ordnung. Ein Junge in den Entwicklungsjahren, der weniger fanatisch war als die meisten anderen dem Internat zutrottenden Schüler.

Dann folgt der Satz: »So kam ich nach Wien.« Hier steht Campbells erster Meilenstein, den er »Ruf zum Abenteuer« nennt. Der mythische Held verläßt sein Schloß – das heißt, ein schofeler Jüngling von Zwanzig, mit ausgehungertem Gesicht und Haaren bis zum Kragen, mietet eine Pritsche in einem Nachtasyl, verdient seinen Lebensunterhalt als Lastträger, Schneeschipper und Teppichklopfer, schläft manchmal auf einer Bank im Park, wird entlaust, malt Landschaften, sitzt im Café und liest Zeitungen. Welche Zeitungen?

Auch antisemitische. Aber er sagt: »So schien mir der Ton, vor allem der, den die antisemitische Wiener Presse anschlug, unwürdig der kulturellen Überlieferungen eines großen Volkes. Mich bedrückte die Erinnerung an gewisse Vorgänge des Mittelalters, die ich nicht gerne wiederholt sehen wollte.«

Allmählich nähert er sich jedoch den Schatten. Campbells zweiter Meilenstein taucht auf: »Helfer«. »Daß eine der antisemitischen Zeitungen«, schreibt er bei einer bestimmten Gelegenheit, »sich anständiger verhielt, mußte ich einmal anerkennen.«

Und kaum eine Seite weiter steht er auf der »Schwelle des Abenteuers«, beim dritten Meilenstein, den Campbell unter anderem als »Bruderkampf«, »Kampf mit dem Drachen«, »Verstümmelung«, »Kreuzigung«, »Entführung«, »Walfischbauch« bezeichnet. »Wenn dadurch langsam auch meine Ansichten in bezug auf den Antisemitismus dem Wechsel der Zeit unterlagen, dann war dies wohl meine schwerste Wandlung überhaupt. Sie hat mich die meisten inneren seelischen Kämpfe gekostet, und erst nach monatelangem Ringen zwischen Verstand und Gefühl begann der Sieg sich auf die Seite des« – achten Sie darauf – »Verstandes zu schlagen.«

Alle Feststellungen, die er inzwischen hinsichtlich der Verderbtheit der Juden macht, überschlage ich, denn es sind keine. Was sich in ihm vollzieht, hat nichts mit *den Juden* zu tun; und für den Vorgang, der sich in ihm abspielt, ist es unwichtig, ob seine Feststellungen richtig oder falsch sind. Seine Feststellungen sind ein Teil des Vorgangs.

Manchmal regen sich Zweifel in ihm, ob die Juden tatsächlich so schlecht sind – sie bilden den vierten Meilenstein, »Prüfungen«: »Ich wurde dann wieder rückfällig auf Wochen, ja einmal auf Monate hinaus.« Keine halbe Seite weiter sind die »Helfer« wieder da, der fünfte Meilenstein: »Aber wenn ich daran noch gezweifelt hätte, so wurde das Schwanken endgültig behoben durch die Stellungnahme eines Teiles der Juden selber.«

Und schließlich befindet er sich nach weiterem Hin und Her auf dem Grunde des »Abenteuers«, Meilenstein Nummer sechs, umschrieben als: »Heilige Ehe«, »Vaterversöhnung«, »Apotheose«, »Raub des Elixiers«. Er entdeckt, daß die Juden die Prostitution und den weißen Sklavinnenhandel beherrschen, und schreibt: »Nun wich ich der Erörterung der Judenfrage nicht mehr aus, nein, nun wollte ich sie.« Und vier Zeilen darunter hat er das »Elixier« in Händen: »Indem ich den Juden als Führer der

Sozialdemokratie erkannte, begann es mir wie Schuppen von den Augen zu fallen. Ein langer innerer Seelenkampf fand damit seinen Abschluß.« Immer wieder »Seelenkampf«.

Als siebten Meilenstein, »Flucht«, untersucht er, während er »vom schwächlichen Weltbürger zum fanatischen Antisemiten geworden ist«, das, was er als Sozialdemokratie betrachtet. Kurz danach muß er beim nochmaligen Überschreiten der »Schwelle des Abenteuers« auf dem Rückweg seinen letzten Kampf bestehen: »Nur einmal noch – es war das letzte Mal – kamen mir in tiefster Beklommenheit ängstlich drückende Gedanken. Als ich so durch lange Perioden menschlicher Geschichte das Wirken des jüdischen Volkes forschend betrachtete, stieg mir plötzlich die bange Frage auf, ob nicht doch vielleicht das unerforschliche Schicksal aus Gründen, die uns armseligen Menschen unbekannt, den Endsieg dieses kleinen Volkes in ewig unabänderlichem Beschluß wünsche?«

Aber er zweifelt nicht lange auf der Schwelle beim Meilenstein acht. Verwandelt tritt der mythische Held mit Tolle und Bürstenschnurrbart in die Welt der Menschen, begleitet von einer heftigen Angstvision: »Siegt der Jude mit Hilfe seines marxistischen Glaubensbekenntnisses über die Völker dieser Welt, dann wird seine Krone der Totentanz der Menschheit sein, dann wird dieser Planet wieder wie einst vor Jahrmillionen menschenleer durch den Äther ziehen.«

Und im mystischen Bewußtsein der Regionen, aus denen er kommt, zeigt er sein Goldenes Vlies: »So glaube ich heute im Sinne des allmächtigen Schöpfers zu handeln: INDEM ICH MICH DES JUDEN ENTWEHRE, KÄMPFE ICH FÜR DAS WERK DES HERRN.«

Dieses Bild ist der wirkliche Ursprung des Greuels.

Der Befehl als Fatum

11. 6. 1961

Zwei Jahre dauerte diese Bekehrungsgeschichte. Wer trotzdem behaupten will, daß der Bericht in »Mein Kampf« Demagogie sei (vom Standpunkt eines anständigen Menschen ausgehend, und ihn dann Zentimeter für Zentimeter in den Antisemitismus saugend), ist automatisch verpflichtet, in Hitler einen begabten Schriftsteller zu begrüßen; denn dann sind, wie ich gezeigt habe, seine mythischen Wendungen *kreiert.* Das übrige Buch bestätigt das nicht: es ist besonders stümperhaft geschrieben. Übrigens beweist der Tod der Juden mehr als reichlich die Tatsache, daß er einfach die Wahrheit schrieb, nur sich selbst kreierte und kein Künstler war. Und wenn die Geschichte, so wie sie in »Mein Kampf« steht, auch ein bißchen demagogisch ausgeschmückt sein mag, so ist doch hinter jener Lüge genau dieselbe Wahrheit wirksam.

Ohne eine derartig fundamentale Erfahrung bei Hitler anzunehmen, ist der Ursprung der Kräfte, mit denen er das deutsche Volk so verrückt gemacht hat, wie es geworden ist, nicht erklärlich. Denn das hat *er* getan. Deutschland gehörte nicht zu den von alters her und dem Wesen nach antisemitischen Ländern wie Österreich, Ungarn und Polen (wo sogar *Partisanen* Flüchtlinge aus Auschwitz erschossen *[Zeuge Wells]*). Hitler selbst schrieb über Deutschland: »Im Jahre 1918 konnte von einem planmäßigen Antisemitismus gar keine Rede sein. Noch erinnere ich mich der Schwierigkeiten, auf die man stieß, sowie man nur das Wort Jude in den Mund nahm. Man wurde entweder dumm angeglotzt oder man erlebte heftigsten Widerstand. Unsere ersten Versuche, der Öffentlichkeit den wahren Feind zu zeigen, schienen damals fast aussichtslos zu sein ...« Millionen Europäer, die wissen, daß Pferde Pferde sind und innerhalb von zwanzig Jahren davon überzeugt werden, daß eine gewisse Anzahl von Pferden Frösche sind – das ist eine der unglaublichsten 'Leistungen'. Außerdem handelt es sich um Menschen, die keine sein sollen. Die Kräfte dazu entspringen nicht einem Antisemitismus in der Art von »Juden nicht leiden können«, nicht dem Wiener Antisemitismus von Anno 1910, sondern der schrecklichen Vision eines Mannes, in dem kein Schatten von Demagogie oder Zynismus ist, wenn er sagt, er sei durch den 'Herrn' oder die 'Vorsehung' gesandt worden. Da herrscht der tödliche Ernst einer Naturkatastrophe.

Ein solcher Mann braucht weder Gobineau noch Chamberlain zu lesen, denn die Offenbarung geht der Wahrheit voran. »In dieser Zeit bildete ich mir ein Weltbild und eine Weltanschauung, die zum granitenen Fundament meines derzeitigen Handelns wurden. Ich habe zu dem, was ich mir so einst schuf, nur weniges hinzulernen müssen, zu ändern brauchte ich nichts.« Die Offenbarung, daß die Juden an allem schuld sind, ist natürlich die schmutzigste aller denkbaren Offenbarungen – und *alles* kann offenbart werden! –, aber deshalb ist ihre Kraft nicht geringer. Die Heuschreckenplage ist nicht weniger Natur als das Schlagen der Nachtigall.

Was im walzenden Wien mit Hitler geschah, war verhängnisvoller als jede Naturkatastrophe – vielleicht mit Ausnahme der Sintflut, die auch eher eine Offenbarung als eine Naturkatastrophe war. Er benutzte den Antisemitismus nicht, um zur Weltherrschaft zu gelangen, sondern er wollte die Weltherrschaft, um die Juden auszurotten. Gegen sämtliche Ratschläge seiner Generäle griff er die Sowjetunion an: Er *konnte* den – zynischen – Pakt mit Stalin, der Verrat an seiner heiligsten Überzeugung war, nicht einhalten; er mußte gegen die Kommunisten, das heißt die Marxisten, das heißt die Juden ins Feld ziehen. Und er befahl eine andere Kriegsführung als im Westen: einen unerbittlicheren, heiligeren Krieg; und das besetzte Gebiet wurde direkt Himmlers SS, dem Schlaginstrument der Offenbarung, unterstellt. Als die Russen bereits auf dem Potsdamer Platz gerade um die Ecke standen, galt sein letztes Wort noch den Juden. Der letzte Tag seines Bunkerlebens wurde von einer letzten Tat, einer letzten Amtshandlung, einem letzten Sakrament und einem letzten Wort ausgefüllt. Die letzte Tat war das Töten seines Hundes – und das war, seiner Auffassung nach, der einzige Freund, den der Mensch hat. Die letzte Amtshandlung war das Zum-Tode-Verurteilen von – Himmler. Das letzte Sakrament war die Vermählung mit seiner Freundin. Das letzte Wort stand am Ende des »politischen Testaments«, das er diktierte: »Vor allem verpflichte ich die Führung der Nation und deren Gefolgschaft zur peinlichen Einhaltung der Rassegesetze und zum unbarmherzigen Widerstand gegen den Weltvergifter aller Völker, das internationale Judentum.«

Und ohne Freunde verbrachte er einige Stunden später brennend die Hochzeitsnacht mit seiner Braut.

Dieselbe Kraft, die Mythen durch unabsehbare Zeiten Gültigkeit verleiht, wirkte aus Hitler »durch den Raum« als Überzeugungskraft auf die Menschen. Diese Wirkung wird durch Aufnahmen der zur Raserei gebrachten Menge im Berliner Sportpalast illustriert und zu Reaktionen wie dieser: »Weimar! ... Hitler spricht. Von Politik, Idee und Organisation. Tief und mystisch. Fast wie ein Evangelium. Schaudernd geht man mit ihm an den Abgründen des Lebens vorbei. Ich danke dem Schicksal, daß es uns diesen Mann gab« (Goebbels, »Tagebuch«, 6. Juli 1926). Oder zur folgenden Reaktion eines Gegners: »Was ich jetzt empfinde, ist das, was man *heilige Schrecken* nennen muß. Ich dachte, auf einer Massenzusammenkunft, einer politischen Manifestation zu sein. *Aber sie feiern ihren Ehrendienst.* Eine Liturgie spielt sich ab, eine große sakrale Zeremonie einer Religion, der ich nicht angehöre – und die mich mit wesentlich stärkerer Kraft zerschmettert und abstößt als all diese abscheulich gespannten Körper« (Denis de Rougement, »Journal d'Allemagne«, 1938). Seit der Offenbarung in seinem vierundzwanzigsten Lebensjahr besaßen Hitlers Augen jenen Blick, über den jeder spricht, der einmal hineingeschaut hat: von seinen alten Kampfgenossen aus dem ersten Weltkrieg bis zu seinen Generalfeldmarschällen im zweiten. Dieser Blick bedeutete den Tod von sechs Millionen. Hitler ist nie in einem Vernichtungslager wie Auschwitz, Sobibor, Treblinka oder Belzec gewesen. Er brauchte es nicht, denn er war es selber.

Wenn Hitler in der Wiege erstickt wäre, hätte zweifellos ein anderer Zeitungsleser den Sprung in das deutsche Chaos der zwanziger Jahre gemacht, auch dann wäre es wahrscheinlich zu einem imperialistischen Krieg gekommen, der mit Amerika und Rußland als den neuen Weltmächten geendet und zur Befreiung der Kolonialvölker geführt hätte. Aber es wären genau sechs Millionen Menschen weniger gestorben, nämlich die Juden. Ihr Tod hat nichts mit dem Krieg zu tun. Hitler nutzte die düsteren Umstände, die der Krieg mit sich brachte, aus, um sie heimlich zu ermorden. (Karl Jaspers hat in anderem Zusammenhang bemerkt, daß es eine 'Bagatellisierung' sei, Eichmann als *Kriegsverbrecher* zu betrachten.) Der Judenmord hatte in keinerlei Hinsicht etwas mit 'Zeit' oder Geschichte zu tun, sondern entsprang unmittelbar dem Innern eines einzigen Menschen.

Wenn es überhaupt erlaubt ist, dabei zu schematisieren, so kann man die Judenmörder in drei Kategorien einteilen.

Die erste Kategorie besteht ausschließlich aus Hitler selbst. Er zelebrierte ein regelrechtes Opfer vor dem Angesicht des 'Herrn'. Und nicht einmal Menschenopfer, denn die Offenbarung lautete ja gerade, daß die Opfer keine Menschen waren. Er opferte Tiere, ja *Ungeziefer*. (Vielleicht darf sonst nur noch Streicher ein Plätzchen in dieser ersten Kategorie beanspruchen. Dem Gefängnispsychologen von Nürnberg, Gilbert, erklärte er, daß er nicht wegen schlechter persönlicher Erfahrungen oder aus Groll Antisemit geworden sei, sondern weil er sich dazu 'berufen' gefühlt habe. Nicht durch Hitler, sondern durch 'den Talmud'. Als er schrieb, daß eine einzige Paarung zwischen einer arischen Frau und einem jüdischen Mann genügt, um ihr Blut für immer zu vergiften, und daß wir jetzt also wissen, warum der jüdische Arzt seine weiblichen Patienten, wenn sie unter Narkose stehen, schändet – so war dies der heilige Ernst eines Sehers mit einem IQ 106.)

In der zweiten Kategorie ist Himmler das Schulbeispiel: der Gläubige. Himmler glaubte nicht nur alles, was Hitler sagte, sondern vermutlich auch das meiste, was Streicher schrieb; außerdem an die kindischen Beiprodukte dieser Weltanschauung, wie die 'nordische' Mythologie, und privat noch an die Astrologie. Ohne Hitler hätte er sein Leben lang höchstens »die Juden nicht leiden können« und sie »schon meilenweit gerochen« – etwa so wie holländische Antisemiten. Aber nun glaubte er sogar an 'Runen' und setzte seinen Ehrgeiz daran, zu zeigen, daß sie der japanischen Schrift verwandt waren: Damit sollte bewiesen werden, daß auch der japanische Bundesgenosse arisch war. Er ließ 'typische' Juden vorsichtig töten und ihre Köpfe in luftdichten Büchsen zum Institut für anthropologische Forschung der Reichsuniversität Straßburg schicken, wo sie präpariert, gemessen und ausgestellt werden mußten. Er besaß die Offenbarung nur in Gestalt von Hitler. Sein Masseur Felix Kersten berichtet, daß sein Puls bis 140 hinaufschnellte, wenn der Führer anrief, um sich mit ihm zum Tee zu verabreden. Am 10. August 1942 sagte der ehemalige Hühnerzüchter, dessen Mund immer zum Lächeln neigte: »Juden sind keine Menschen, sie sind Auswurf, und mit Juden wäre Mitleid am falschen Platze.« Das meint er, der von unerträglichen Magenkrämpfen Geplagte, Wort für Wort. Darum hatte er nichts von der schillernden Wollust klassischer Massenmörder an sich, dagegen alles von einem Direktor der Stadtreinigung – denn er hat niemals 'Menschen' ermordet.

Letzteres gilt nicht für Eichmann, der die grauenerregendste Kategorie vertritt. Erscheinungen wie Hitler und Himmler, Gott und der Gläubige, hat es schon eher gegeben (obwohl nie mit einem auf so breiter Basis zelebrierten Glauben), die Erscheinung Eichmann ist dagegen erstmalig. Bei den Verhören, die ein Dreivierteljahr gedauert haben, ist Hitlers Name vielleicht zehnmal gefallen. Dessen Wiener Offenbarung sagte Eichmann nichts: »Ich darf bei dieser Gelegenheit – vielleicht das erste und auch das letzte Mal – pro domo sprechen. Ich sagte, ich sei weder Judenhasser noch Antisemit. Das stimmt ... ich sagte es, glaub' ich, jedem: jeder hat's einmal gehört; meine Männer wußten es.« »Mein Kampf« hat er »nie ganz und nie gründlich« gelesen, Rosenbergs »Mythus« überhaupt nicht, und was den Rest betrifft: »Ich habe eigentlich weder vorher noch nachher Bücher über Nationalsozialismus gelesen, wenn, höchstens angelesen oder flüchtig überlesen.« So wie Hitler im Marxismus eine Bestrebung der Juden sah, um die Aufmerksamkeit von sich abzulenken, sehen intelligente Leute im Antisemitismus eine Bestrebung, die Aufmerksamkeit von den wirklichen Problemen abzulenken. Auch Hausner vertrat diese Meinung, die den Mord unerklärt läßt. Und was sagt Eichmann? »Auch bei Himmler war die Judenfrage mit« – *mit* ist ein wichtiges Wort, das auf den echten Ursprung des Mordes hindeutet; Hausner ließ es beim Zitieren dieser Stelle aus –, ich fange nochmals an: »Auch bei Himmler war die Judenfrage mit ein willkommenes Ablenkungsmanöver, um von anderen Widerwärtigkeiten abzulenken ... Waren irgendwelche Unzuträglichkeiten anderer Natur – flugs nahm man, jedenfalls zu dieser Zeit, die Judenfrage her, und schon war die Ablenkung geschaffen. Das machte nicht nur Hitler allein, das machten nicht nur die Gauleiter, das praktizierte jeder der sogenannten Hoheitsführer.« Kurzum, Eichmann sagt dasselbe. Falls er diese Theorie erst nach dem Krieg aufgeschnappt haben sollte, so weist sie trotzdem auf die Abwesenheit des Antisemitismus hin, denn wer einmal Antisemit ist, bleibt immer Antisemit. Von Hitlers Offenbarung aus betrachtet, ist er der vollendetste Ketzer.

Und was las dieser Ungläubige, der Nazibücher verschmähte? Ehe er zum SD kam, las er, wie er erzählt, zum Kummer seines Vaters überhaupt nicht. »Als ich bei dem SD nun war, habe ich nicht diese Bücher gelesen, sondern da habe ich wiederum andere Bücher gelesen; da habe ich – wie ich zum Teil schon sagen durfte – die spezifisch jüdischen Bücher gelesen ... Ich konnte nicht einmal sagen, daß ich in jener Zeit überhaupt – überhaupt ein anderes Buch – sagen wir Romane oder irgend etwas anderes – las; ich las nie Kriminalgeschichten, und ich las nie Liebesromane – mein Leben lang nie –, bis heute noch nicht.« Er hat also in seinem Leben eigentlich nur jüdische Bücher gelesen.

Dieser Mann tötete keine Tiere, sondern Menschen. Dieser Mann brachte Menschen zum Opferstein einer Irrlehre, an die er nicht glaubte. Dieser Mann ist schuldiger als der Gläubige, der sich, wenn auch vergeblich, noch auf seinen Glauben berufen kann, das heißt auf den Gott in ihm, der seine Schuld trägt – nämlich auf Hitler. Wenn Eichmann sich 'pro domo' auf seinen A-Semitismus beruft, spricht er damit ein viel schrecklicheres Urteil über sich selbst aus, als man es über einen Mann wie Himmler fällen könnte. Sogar wenn das Bild, das er von sich selbst gibt, eine Dosis Lüge enthält – was ich nicht glaube –, so wäre diese Lüge und die Art, wie er sie zu seiner Verteidigung gebrauchen zu können vermeint, nur ein *anderer* Hinweis auf die Form, in der seine Schuld liegt.

Eichmann kann sich nicht auf einen Gott berufen – und doch beruft er sich auf etwas. Auf etwas außergewöhnlich Abstraktes, das zwar nicht die Schuld von ihm nehmen, aber sie immerhin klären soll: auf den 'Befehl'. Man muß »die Hacken zusammenschlagen und 'Jawohl' sagen und eben 'dienen'«. Freilich wiederholt er momentan immer wieder, daß er mit dem Vergasen nichts zu tun hatte, sondern nur mit der 'Evakuierung', was sogar wahr sein kann; daß er es gestehen würde, wenn es so sei, aber es war nicht so, das war ein anderes Amt, das war Pohl, das war Höß, ihn betraf nur die Evakuierung, und wenn er als Mitschuldiger dafür büßen muß, na schön, »habe ich damals den Schneid gehabt und habe 'Jawohl' gesagt, dann habe ich auch heute den Schneid und sage: „Bitte, ich bin bereit – hier, mein Kopf liegt auf dem – dorthin, wo er hingehört“«, aber mit dem Vergasen hatte er nichts zu tun, »glauben Sie mir, Herr Hauptmann, ich muß es wieder einmal sagen«, das war eine andere Dienststelle.

Zum Glück bin ich nicht Hausner; ich befasse mich weniger mit dem, was er getan hat, als mit dem, wer er ist. Und ich weiß aus seinen eigenen Worten, daß er auch vergast hätte, wenn er den Befehl *dazu* erhalten hätte. Dann wäre sein Name einfach Rudolf Höß gewesen. Denn, sagt Eichmann, »ich habe gehorcht. Egal, was man mir befohlen hätte, ich hätte gehorcht. Sicherlich, ich hätte gehorcht. Ich habe gehorcht. Ich habe gehorcht – ich kann aus meiner Haut nicht heraus, Herr Hauptmann«. Hier darf man sich nicht mit einer kopfschüttelnden Betrachtung des deutschen Drills zum Gehorsam begnügen: eine etwas allzu leichte Lösung, zu der fast jeder neigt, allen voran Eichmann selber. Es kann noch etwas mehr über 'den Befehl' gesagt werden.

Eichmann gehorchte den Befehlen von Priestern, von denen er wußte, daß sie falsch waren. Er persönlich hätte niemals solche Befehle gegeben, sagt er zweifellos wahrheitsgemäß, aber da er sich nun einmal in der Lage befand, sie zu *empfangen*, mußte er gehorchen. Aus dieser Auffassung tritt 'der Befehl' als etwas hervor, das größer ist als derjenige, der ihn gibt, und derjenige, der ihn empfängt: demnach schon wieder als etwas Mystisches – als übermenschliche Macht, der gehorcht werden muß, wo immer sie auch herkommen mag. Er war nicht, wie Höß sagt, von der Judenvernichtung besessen, sondern vom 'Befehl' (übrigens wie Höß auch). Aus dieser übernatürlichen Auffassung 'des Befehls' heraus – und nicht aus 'Judenhaß' – muß seine Haltung 1944 in Ungarn, als er gegen Himmlers neue Befehle seine Deportationen fortsetzte, verstanden werden: Himmler verriet 'den Befehl' (von Hitler). Er war 'abtrünnig' geworden, was bei Gläubigen immer möglich ist. Aber das ist unmöglich bei demjenigen, für den Gott nicht in einem Menschen haust, sondern in einem Wort, und für den es gleichgültig ist, ob es von einem Schurken, einem Erleuchteten, einem Verrückten oder einem guten Menschen kommt und wie es lautet. Es ist da. Es ist immer da. Wenn in jenen Jahren nicht Adolf Hitler, sondern Albert Schweitzer Reichskanzler gewesen wäre und Eichmann den Befehl erhalten hätte, alle kranken Neger in moderne Krankenhäuser zu transportieren, so hätte er dies tadellos ausgeführt – mit derselben Genugtuung über seine Genauigkeit wie bei seiner Arbeit, die er jetzt hinter sich hat. Er ist weniger ein Verbrecher als jemand, der zu allem imstande ist.

Ja, es gibt sogar Hinweise, daß Eichmann Hitler selbst sabotierte, wenn dieser bestimmte Juden aus taktischen Erwägungen entkommen lassen wollte (bis zum Augenblick der Weltherrschaft). Denn dadurch verriet Hitler seinen eigenen Befehl, dem auch er untertan war, wie Jupiter dem 'Fatum': dem ursprünglich von Jupiter selbst 'Verkündeten'. *Der Befehl ist ewig.* Wenigstens so lange, wie der Befehlegeber der Befehlegeber ist, wer immer er sein mag. Durch den Verrat an seinem eigenen Befehl verriet Hitler Eichmann, der sich mit diesem – 'fatalen' – Befehl identifiziert hatte. Das meint Hausner, wenn er sagt: »Eichmann war schlimmer als Hitler.« Bis zu Hitlers Tod blieb Eichmann solidarisch mit dessen höchstem Befehl. Danach wurde er ein 'friedlicher Bürger', das heißt: solidarisch mit dem Befehl der Gesellschaft, in der er *damals* lebte. Nach seiner Verhaftung war er solidarisch mit der israelischen Polizei und beantwortete alle Fragen, was ein anderer unterlassen hätte. Wenn in Jerusalem die Richter hereinkommen, ist er der erste im Saal, der aufsteht. Servatius' Assistent Wechtenbruch, der täglich stundenlang mit ihm redet, erzählte mir, daß er den ganzen Tag seilspringen würde, wenn man es ihm befehle. Er bat um den Befehl, sich selbst zu erhängen; solange er ihn nicht erhält, wird er es nicht tun, auch wenn er die Taschen voller Schnüre hätte.

In dieser Region spielt sich das 'Befehl ist Befehl' der dritten Kategorie ab, die von der ganzen SS vertreten wird, wie auch die zweite, die der Gläubigen – obwohl diese Gruppe vermutlich kleiner war. 'Befehl ist Befehl' – dieser Formel entnimmt das Fatum seine eigene Daseinsberechtigung ... ähnlich wie im 2. Buch Mose, 3, 14: »Gott sprach zu Mose: Ich werde sein, der ich sein werde. Also sollst du zu den Kindern Israel sagen: Ich werde sein hat mich zu euch gesandt.« Doch hiervon muß sogleich die religiöse Sphäre abgezogen werden, die zwischen dem Menschen und seinem Gott besteht, sei es auch in den Gestalten von Himmler und Hitler. Zwischen einem Menschen und einem Wort gibt es keine Wärme; da herrscht Stahlkälte. Denn hinter der mystischen Identifizierung mit 'dem Befehl', der ewig ist, verbirgt sich etwas außerordentlich Unerwartetes: die Technik.

Das Ideal der Psychotechnik

18. 6. 1961

»Man ist zu – mir fällt kein anderes Wort ein – ein zu großes Massentier geworden ... Ja, ein Massentier, ein Gewohnheitstier; man ist – hat man Befehl bekommen, hat man automatisch die Hacken zusammengeschlagen und 'Jawohl' gesagt.«

Automatisch. Wir befinden uns hier in der Welt der Maschinen. Wenn ich vorher Eichmann ein »Medium ohne Hypnose« genannt habe, so ist das die Definition der Maschine. Eine Maschine ist ein rationelles Werkzeug, das für das kommentarlose Ausführen gleichgültig welcher Befehle hergestellt worden ist. Das Auto kann nichts gegen den 'mystischen' Befehl des Fußes auf dem Gaspedal tun. Es hat weder Einspruchsrecht noch Verteidigungsmöglichkeit (*»zu jedem Befehl, den ein Vorgesetzter ... abgibt, hat man die Hacken zusammenzuschlagen und 'Jawohl' zu sagen – etwas, etwas zweites oder drittes gab es ja gar nicht, gab es überhaupt nicht.«*) Das Auto hat selber keine Stimme in der Angelegenheit (*»ein Befehl wird nicht begründet, der wird erteilt, und die Sache ist damit erledigt«*). Es muß dem 'Fatum' bedingungslos gehorchen, einerlei, ob der Fahrer betrunken, verrückt oder sterbend ist – denn es ist eine Maschine. Es hat kein Organ, um Unterschiede zu machen. Eichmann selbst sieht hierbei einen philosophischen Hintergrund: »Zur Norm habe ich die Kantsche Forderung erhoben, und zwar schon sehr lange.« Hier legt er das aufsehenerregende Bild vor, daß die Totenzüge im Namen des kategorischen Imperativs nach Polen ratterten, daß die Krematorien loderten im Namen der Moral.

Ich dagegen nenne es Technik – die eben weder gut noch schlecht ist, sondern buchstäblich *amoral.* Die Frage erhebt sich: Wie verwandelt sich ein Mensch, ein freies Wesen, in einen

Automaten, in einen maschinellen Befehlsgeber, in eine Waffe? Die Antwort ist einfach: Durch den Eid. »Eid ist Eid«, sagt Eichmann; und da ist sie wieder, die geheimnisvolle Formel, mit der sich der Gott im brennenden Dornbusch kundtut, ebenso wie Aristoteles dieses Axiom der Logik zugrunde legt: A = A. Der Eid ist das Verfahren, durch das die Maschine betriebsfertig wird. Das Glaubensbekenntnis verhält sich zum Gott so wie der Gehorsamseid zum Befehl. Der Unterschied besteht darin, daß im Gehorsamseid ein Zeitelement aufgenommen worden ist: »Ich werde *immer* gehorchen«; das Glaubensbekenntnis lautet dagegen: »Ich glaube an Gott«, und nicht: »Ich glaube für immer an Gott.« Es waren nicht die dümmsten Mystiker, die, wie Angelus Silesius, die Existenz Gottes unmittelbar vom Glauben an Gott abhängig machten. Göttern kann man den Glauben an ihre Existenz aufsagen, das heißt ihnen ihre Existenz absprechen, aber Befehle treffen sehr hörbar ein, ob man an sie glaubt oder nicht, und sie bewahren ihr Unentrinnbarkeit durch den ein für allemal gesprochenen Eid.

In letzter Instanz läuft es darauf hinaus, daß Eichmann nur an sein eigenes Wort glaubte. Dieses Wort war ihm Gott, und es verlieh den Befehlen Göttlichkeit. Es war stärker als das Leiden und der Tod von Millionen Unschuldigen. Für Eichmann gilt: Ein Mann, ein Wort. Sein Eid hatte das Wesen einer Gehirnwäsche. Er schwur ihn 1932 Himmler persönlich in einer völlig anderen Lage, als von Judenvernichtungen noch keine Rede war, – wenigstens war er sich solcher Möglichkeiten bestimmt nicht bewußt. Und später gab es kein Entrinnen vor dem einst gesprochenen Mordwort. Das heißt: »Ich sage, es gibt *eine* Möglichkeit –, es gab *eine* Möglichkeit: eine, eine Pistole nehmen und sich erschießen. Das ist selbstverständlich. Das habe ich nicht getan.« Er sagt es schlicht, und es läßt sich auch nicht abstreiten. Eine nicht geringe Anzahl von SS-Männern hat es wohl getan, als sie sahen, wohin ihr einst gegebenes Wort sie führte – für sie gab es noch 'etwas zweites': sie waren noch nicht völlig Maschine. Eichmann kann nur Selbstmord begehen, wenn jemand ihm *den Befehl* dazu gibt – etwa die Israelis; von sich aus wird dieses 'zweite' niemals erwachen – so bedauernswert amputiert ist er.

Eine Maschine wird fabriziert, Eichmann ist erzeugt worden: darin liegt der Unterschied. Abgesehen von der immer vorhandenen Möglichkeit des Selbstmords – die freilich für ihn eine Unmöglichkeit war – konnte Eichmann ebensowenig aus seiner 'Haut heraus' wie ein Krematorium, das auch seiner Struktur gehorcht. *Wenn* er irgendeine Lust bei der Ausführung seines Werkes verspürt hat, so nur eine ähnliche wie ein Rennfahrer in seinem Rennwagen, mit dem er zu einer einzigen Maschine verschmilzt: Seine Fußsohle ist nicht mehr vom Gaspedal und dem Motor zu unterscheiden, seine Hände nicht mehr vom Steuer und den Vorderrädern. Bei den seltenen Malen, da Eichmann Begeisterung vorgibt, ist es die Begeisterung eines Rekordinhabers: »Ich werde lachend in mein Grab springen, in der Erkenntnis, daß ich fünf Millionen Juden ...« Doch der Rennfahrer steigt aus seinem Wagen, wird wieder Mensch und hat in diesem Augenblick den Jubel des Stadions nötig. Eichmann kann nie aussteigen, denn er ist selbst der Wagen: darum hat er Beifall nie entbehrt. Er ist nie wirklich begeistert gewesen, und dies nicht aus Gewissensbissen oder Abscheu, sondern weil eine Maschine das eben nicht ist. Eine Maschine kennt ebensowenig Gemütsbewegungen wie Überzeugungen, nicht einmal nationalsozialistische. Eine Maschine dient Nationalsozialisten genauso gut wie Kommunisten, Buddhisten oder Drogisten. Das Auto des Führers unterscheidet sich nicht im geringsten von dem des Papstes oder des Parteisekretärs. Wer den Anlasser zu finden versteht, kann es steuern. Auch Wernher von Braun läßt es gleichgültig, ob er Raketen in Peenemünde oder Kap Canaveral baut – ich vergleiche allerdings Eichmann nicht mit von Braun, sondern mit den Raketen.

Jenes 'technische' Element im Nationalsozialismus ist bereits vor dem Krieg durch zwei umstrittene Deutsche festgestellt worden: Heidegger und Ernst Jünger. Sie erkannten damals nicht, durch welchen Menschentyp es verkörpert werden sollte, sie jubelten ihm zu und liefen eine Zeitlang mit. Es ist kein Zufall, daß von allen Nazimitläufern sich gerade diese beiden am Gespräch nach dem Krieg beteiligten: Sie waren die ersten, die etwas sehr Wesentliches des Nazismus *begriffen,* sei es auch mit falschen Vorzeichen. Über den metanaziphysischen Bildner Jünger, der den Untergang des Geistes in der Technik besang, reichen jetzt meine Worte nicht aus. Ich könnte stundenlang über ihn reden. Keinem ist es so bewußt geworden – durch ekstatisches Erlebnis, nicht durch kühle Betrachtung –, daß der Nazismus in letzter Instanz auf Selbstvernichtung angelegt war, in die er die ganze Welt mitreißen mußte. Er wußte es, und er fand es *herrlich.* Auch ich war während des Krieges davon überzeugt, daß der Totenkopf auf der Mütze des SS-Mannes nicht so sehr der seines Opfers, sondern sein eigener war. Der zweite Deutsche, der einen nicht wegzudenkenden Beitrag zur modernen Philosophie geliefert hat, gab 1953 ein Kolleg aus dem Jahr 1935 neu heraus, in dem er sich mit dem Nationalsozialismus, »mit der inneren Wahrheit und Größe dieser Bewegung«, befaßt. Dies löste in Deutschland eine heftige Polemik aus. Heidegger ließ andere den Kampf für ihn führen und erklärte nur, daß die Passage stehenbleibe, wo sie stehe. Hinter dem zitierten Satzteil steht zwischen Klammern: »nämlich mit der Begegnung der planetarisch bestimmten Technik und des neuzeitlichen Menschen«. Diese Begegnung heißt: Eichmann. Ob das Heidegger meint, ist zu bezweifeln – dann hätte er wenigstens das Wort 'Größe' weglassen können. Aber mir ist es gleichgültig, was Heidegger meint.

Auch können wir jetzt vielleicht doch in der vornazistischen Literatur eine Art Bild von Eichmann erkennen, nach dem ich vor einigen Wochen vergeblich suchte. Es überrascht mich nicht, es in E. T. A. Hoffmanns »Der Sandmann« zu finden: die automatische Puppe Olimpia, die Coppelius zusammen mit dem Physikprofessor Spalanzani hergestellt hat. Die Hauptfigur, Nathanael, verliebt sich in sie, und es endet damit, daß die beiden Erfinder in Streit geraten und die Puppe zerschlagen, wodurch Nathanael dem Wahnsinn verfällt. Können wir in diesem bildschönen Roboter den grauen SS-Obersten erkennen, wie wir in Coppelius deutlich Hitler sehen: »Coppelius ist ein böses, feindliches Prinzip, er kann Entsetzliches wirken, wie eine teuflische Macht, die sichtbar in das Leben trat, aber nur dann, wenn du ihn nicht aus Sinn und Gedanken verbannst. Solange du an ihn glaubst, *ist* er auch und wirkt, nur dein Glaube ist seine Macht«! Olimpia kann sich seiner Macht nicht entziehen, denn sie glaubt nicht an ihn, sondern sie muß ihm nach ihrer Art gehorchen. Und wenn wir entscheiden, in Olimpia Eichmann vor uns zu haben, sehen wir ihn plötzlich in langer Tradition: von den zahllosen, häufig in Glaskäfigen vorgeführten mechanischen Musikanten und Tieren aus dem 18. und 17. Jahrhundert bis in die Klöster des späten Mittelalters: die Eiserne Fliege von Regiomontanus, der Eiserne Mann von Roger Bacon, der Künstliche Mensch von Albertus Magnus, den Thomas von Aquin in heiligem Entsetzen zerschlagen haben soll. Und weiter noch: bis zu den Automaten der Pythagoräer, ja vielleicht bis zum Golem aus Psalm 139.

Die nahende Maschine – deshalb hat Nietzsche über den Nihilismus geschrieben. Zur gleichen Zeit, als sich der fast achtzigjährige Goethe über das nahende 'Maschinenwesen' beunruhigte, ließ er im »Faust II.« unter Aufsicht von Mephistopheles einen 'Homunkulus' herstellen, einen künstlichen Menschen. Während Nietzsches Leben installierte sich die Technik, wie wir sie heute kennen, um den 'Planeten' innerhalb weniger Jahrzehnte bis zur Unkenntlichkeit zu verwandeln. Die Gefahr, daß die Maschinen die Menschen verwandeln, ist nicht besonders groß; größer ist die Gefahr, daß *gleichzeitig* mit den Maschinen verwandelte Menschen auf die Welt kommen werden: Menschen wie Maschinen, die Impulsen gehorchen, ohne die Möglichkeit zu haben, diese auf ihre Art zu untersuchen. Darum nannte ich Eichmann »das Symbol des Fortschritts«. Dieser lebende Tote ist der Prototyp des modernen Menschen, der die Maschine nach seinem Ebenbild schuf. Es ist gefährlich, die Berufung auf 'Eid' und 'Befehl', die den neuzeitlichen Maschinenmenschen wie Eichmann kennzeichnet, als Ausrede abzutun. Das ist der soundsovielte Versuch, sie in eine beruhigende Verbrecherpsychologie zu ziehen, der das Einschlafen der Wachsamkeit zur Folge hat. Wir müssen nicht auf Verbrecher achten, wir müssen weiterhin auf ganz gewöhnliche Menschen achten. Wir müssen weiterhin auf den Spiegel achten.

Eichmann ist keine Ausnahme. Persönlich setzt er den ganz gewöhnlichen Menschen, das 'Massentier', das 'Gewohnheitstier' mit dem maschinellen Befehlsempfänger gleich. Aber jetzt hat er genug davon. In einer resoluten Passage erklärt er, wie er sich künftig aus diesem fatalen Kreis retten zu können vermeint: »Ich würde heute keinen Eid mehr leisten. Ich würde heute – heute würde mich kein Mensch mehr dazu bringen, kein Richter mehr dazu bringen, etwa einen Zeugeneid zu leisten. Ich lehne es ab. Ich lehne es ab, und zwar aus moralischen Gründen.« Weil es zum Massenmord führt? Regt sich etwas in ihm? *Etwas zweites oder drittes?* »Weil ich die Erfahrung gemacht habe, wie – wenn man sich an den Eid hält, dann hat man eines Tages die Konsequenzen zu ziehen ... Denn ich sehe es, heute hat man sich zu verantworten deswegen, weil man eingedenk des Eides hier gehorcht hat. Hätte ich damals aber nicht gehorcht, eingedenk des Eides, wäre ich damals bestraft worden. Also wie – wie es auch immer ausläuft, schlecht ist es auf jeden Fall, wenn man irgendwie einen Eid leistet ...«

Das Minderwertige dieser Haltung, bei der er noch immer nicht den Blick von sich abwenden kann, entspringt dem Minderwertigen seiner Maschinenpsychologie. Er kann sich nicht vorstellen, daß sein gegebenes 'Wort' nicht auch von *anderen* als Entschuldigung hingenommen wird; ja, er erwartet das sogar von den Juden – und zu allem Überfluß der Groteske steigert er sich noch zu einer vergebungsbereiten Geste: »Auch Frieden mit meinen ehemaligen Gegnern möchte ich finden. Vielleicht gehört das zum deutschen Charakter.« Doch das gehört weniger zum deutschen Charakter als zum Charakter des Maschinenmenschen, der im Hitlerdeutschland seine fürchterlichsten Möglichkeiten demonstriert hat. In Jerusalem wird dieser Charakter in einem Glaskäfig gerichtet, aber in allen Ländern der Welt läuft er frei herum, in allen ohne Ausnahme, einschließlich Israel, und bleibt unbemerkt, weil keine Kriege verloren oder keine unmenschlichen Befehle gegeben wurden.

Außerdem erkennt Eichmann nicht, daß ein Eid keiner Worte bedarf, um Gültigkeit zu haben. In der mehr oder weniger zivilisierten argentinischen Gesellschaft, in der er zuletzt lebte, lautete der unausgesprochene, unbeeidigte Befehl: Sei ein friedlicher Bürger, verdiene deinen Lebensunterhalt, fluche nicht, stiehl nicht, du sollst nicht töten, sechs Tage sollst du arbeiten – zu dem wahrscheinlich noch die Anweisung der Altnazi-Zentrale kam: Laß dich nicht zu schnell befördern, fall nicht auf. Wie strikt hat er sich an all das gehalten. Dies geht noch aus seiner einmalig korrekten Haltung während der Verhöre in Israel hervor. Kein unverschämtes Wort kommt über seine Lippen: »Das ist aber gelogen, das muß ich sagen. Verzeihen Sie bitte dieses harte Wort.« Oder: »Die Endlösung ... um es mal ganz kraß zu sagen: die Tötung.« Die *Tat* des Tötens hat er nie 'kraß' genannt. Auch wenn er widerspricht, entschuldigt er sich dauernd: »Das stimmt nicht, Herr Hauptmann. Tut mir leid, daß ich das sagen muß« – und dabei handelt es sich um diesen oder jenen Mordbefehl, den er gegeben haben soll. *Fast* würde er es aus Höflichkeit zugeben, denn *man widerspricht nicht.* Wird ihm eine Zeugenaussage vorgelesen, aus der hervorgeht, er habe betrunken geschrien, daß dieses und dieses Judenschwein nach Auschwitz gebracht werden sollte – so wendet er erst einmal ein, daß er nicht 'Schwein' gesagt habe, und legt dann Nachdruck darauf, daß er nie zu schreien pflegte; drittens weist er die Bezichtigung zurück, je betrunken zu seiner Arbeit erschienen zu sein; nur zuletzt streitet er ab, befugt gewesen zu sein, selbst Verschickungsbefehle auszustellen. Hierbei ist alles gelogen, außer wahrscheinlich letzteres. Seiner Verteidigung nützt es überhaupt nichts, als anständig erzogener Mensch aufzutreten – man vergibt einem SS-Mann gern seine Schimpfworte und Drohungen – aber damit tut er dem 'Befehl' der Gesellschaft Genüge, in der er zuletzt lebte: Benimm dich. Er benimmt sich in Israel und Argentinien aus denselben Gründen manierlich, aus denen er sich in Europa als angsteinjagender Mörder benahm: das wurde von ihm erwartet. Er *ist* weder das eine noch das andere. Er ist nichts.

Dieser äußerst brauchbare, völlig unbestechliche, lebensgefährliche Mann ist das genaue Gegenteil eines 'Rebellen'. Er ist genau das Gegenteil eines Taugenichts. Er ist die Maschine, die zu allem taugt. Er ist der richtige Mann an jeder Stelle. Er ist das Ideal der Psychotechnik.

Millionenfach läuft er auf Erden herum. Welchen Grund gibt es im Lande Y für den Staatsbürger X, dem weder ein Gott noch 'etwas drittes' gilt, um nicht zu stehlen und zu morden, sondern von neun bis sechs ins Büro zu gehen? Weil es von seiner Gesellschaft so befohlen worden ist und er sich mit diesem Befehl identifiziert hat. Erhält er den Befehl, den 'Feind' zu töten, so tötet er den Feind. Erhält er den Befehl, die Rothaarigen auszurotten, dann möchte ich einmal sehen, wie viele durch 'etwas zweites' Selbstmord begehen oder sich füsilieren lassen. Auch die A--Bombe auf Hiroshima, die mit dem Krieg wenig oder nichts zu tun hatte, wurde pflichtgetreu von einigen jungen Leuten abgeworfen (obgleich der Pilot Eatherley nachher seinem Radarmann Stiborik schrieb: »Ich fühle mich unmittelbar verantwortlich und hasse mich.«). Auch der demokratische englische Polizeiinspektor, der 1950 Timothy Evans zur Hinrichtungsstätte führte, fragte sich nicht, ob das Urteil berechtigt war. Er tat seine Pflicht. Auch der Henker, der ihn unschuldig henkte, tat seine Pflicht. Ich meine nicht: Verfolgt die Piloten, den Inspektor und den Henker oder laßt sonst Eichmann frei (obwohl jemand das behaupten kann; ein Führerbefehl war in Deutschland nicht weniger gesetzmäßig als in Amerika die Anweisung des Präsidenten und in England ein gerichtliches Urteil), sondern ich meine: Laßt keinen das Maul *so weit* aufreißen.

Ich meine, die heutige Gesellschaft beruht eher auf Eichmann als auf Chessman. Chessman benahm sich nicht: Er wurde von irgendeinem 'Eichmann' vergast – vielleicht unschuldig. Ich meine, daß bisher die Ideologen und Gläubigen in mehr oder weniger menschlichem Kampf festgesetzt haben, welche Gesellschaft sein sollte; die Eichmanns gehorchten ihren zufälligen Vorgesetzten: Hitler, Churchill, Stalin oder Roosevelt. Aber die Dinge könnten sich einmal so verändern (worauf nicht wenige Anzeichen hinweisen), daß Christen, Kommunisten, Sozialisten und Nazis, Ideologen und Gläubige immer weniger werden, bis es nur noch Eichmanns in der Welt der Maschinen gibt – so daß die Aussichten des Mannes der 'Offenbarung', der immer wieder erscheinen wird, bis ins völlig Undenkbare steigen, sowohl was das Gute als auch das Schlechte betrifft.

Ich meine: Es ist nicht ausgeschlossen, daß in hundert Jahren ein Reporter der 'Science-Fiction'-Literatur unserer Tage die Nachlese halten wird, aus demselben Grund, warum ich es bei der Literatur des letzten Jahrhunderts getan habe.

Aber was sollen wir nun mit X-Eichmann anfangen? Es steht kein Krematorium in dem Glaskäfig – es wird ein Prozeß geführt. Es stellt uns nicht zufrieden, Eichmann in die Luft zu sprengen oder zu demontieren. Er unterscheidet sich von einer Maschine, indem er erzeugt und nicht fabriziert wurde, und durch die (Un-) Möglichkeit des Selbstmords; zum letztenmal wird seine Menschlichkeit aus seinem Ende hervorgehen. Solange noch ein einziger anderer Mensch auf Erden existiert, wird für ihn ein 'Befehl' da sein – wird nicht er selber da sein. Heute sitzt er nicht anders hinter seinen Akten als damals in der Kurfürstenstraße. Er gehorcht – diesmal dem Richter Landau. Dessen Urteil wird endlich das 'zweite' sein, das seine verschlossene Seele in Bewegung setzen wird; er ist immer ein Mann der Wörter gewesen. Schon setzt sein Herz ihm zu. Aber er wird sich erst in dem Augenblick finden, da es keinen anderen mehr gibt, da kein Befehl mehr eintrifft, da er wirklich einsam sein wird: im Augenblick seines Todes.

Das braucht, wie ich bereits gesagt habe, durch keine Hinrichtung beschleunigt zu werden.

Jerusalemer Tagebuch II.

19. 6. - 2. 7. 1961

Montag, 19. Juni. Über Deutschland schauen die portugiesischen Emigranten noch verdrießlich herunter; über den Alpen rutschen sie auf ihren Plätzen hin und her; über Jugoslawien laufen sie unruhig im Flugzeug umher; über Griechenland haben alle die Plätze gewechselt und sprechen aufgeregt Jiddisch miteinander, und über Rhodos beginnen sie ihre Nasen gegen die Fenster zu drücken. Die Dunkelheit ist gefallen, und etwas später taucht im Mondschein Israels Küste auf. Die Lockheed senkt sich allmählich – wie das Netz einer Märchenspinne gleitet Tel-Aviv heran. Mit dem Lächeln eines Habitués trete ich meinen Platz am linken Fenster ab. Die Reisenden starren, während sie entzückte Schreie ausstoßen und sich weigern, den Sicherheitsgurt anzulegen, hinab. »Ach, wie schön, wie schön!« Die Stadt ist nicht schöner aus der Luft als Lissabon oder sogar Berlin, aber es ist *ihre* Stadt: fast das himmlische Jerusalem, Tel-Aviv aus dem Himmel betrachtet, wie einst nur Adonai die Städte sah.

Vom Beton steigt die Hitze in meinen Hosenbeinen empor. Auf dem Weg nach Jerusalem wird alles immer bekannter. Wir fahren sogar an einem verunglückten Taxi vorbei, und ich denke: Da sitzt ein deutscher Journalist drin, der nachher im Bett neben dem meinigen schlafen will, aber ich werde es verhindern. Ich wähle ein Hotel mit Aussicht auf die Mauern des alten Jerusalem und bitte um ein hochgelegenes Zimmer.

Dienstag, 20. Juni. Um halb zehn, als ich mich die ansteigende Straße zum *Beit Ha'am* hinaufschleppe, hat es bestimmt schon 30

Grad. Die gelben Häuser glänzen bereits vor Hitze, jeder vorbeikommende Omnibus fegt heißen Dunst über die Straße. Um das Gerichtsgebäude ist es stiller geworden. Soldaten und Polizisten auf die Schulter klopfend, Telephonfräulein die Hände schüttelnd, erreiche ich den Pressesaal, der halb leer ist, aber gestern noch leerer war, wie man mir versichert. Jeder freut sich über das Wiedersehen.

Die fünfundsiebzigste Sitzung hat vor einer Stunde angefangen. Auf den vier Bildschirmen steht Eichmanns Gesicht: Er hat abgenommen und sieht älter aus. Das Zucken seines Gesichts hat sich verschlimmert. Hausner ist dabei, seine letzten Dokumente zu überreichen. Er ist unverändert. Auch die Richter sind dieselben geblieben; nur Servatius ist vielleicht noch etwas dicker geworden. In der Kantine besprechen wir, einen Transistor im Ohr, die Möglichkeit, ob Eichmann nachher den Mund aufmachen wird. Wie stets bei diesem Prozeß: keiner, der etwas weiß. Hausner ist vermutlich gleich fertig, sofort danach kann Servatius Eichmann als Zeugen aufrufen. Allerdings sind wir uns darüber einig, daß es kein Beweis der Stärke sein wird, wenn er Eichmann schweigen läßt.

Inzwischen fällt durch das Plastikröhrchen der Name des geheimnisvollen Wim Sassen wieder in mein Ohr, mit dem Eichmann in Argentinien monatelang, teilweise in »Life« veröffentlichte Gespräche geführt hat. Die Stelle, die Hausner als Beweis anführt, handelt nochmals von der Wannsee-Konferenz, bei der der Tod der Juden organisiert wurde. Eichmann erzählt Sassen, daß er nach dem Gehen der hohen Gäste noch etwas mit seinem direkten Vorgesetzten Müller und dem höchsten Chef Heydrich zusammenblieb. Gemütlich und zufrieden saßen sie am Kamin, und Eichmann sah Heydrich zum erstenmal rauchen. Vermutlich will Hausner mit diesem Bild zeigen, daß Eichmann während der schrecklichsten aller Konferenzen nicht der kleine Mann war, für den er sich ausgibt. Danach überreicht Hausner sein 1115. und letztes Dokument, und Landau legt eine kurze Pause ein.

Die Polizeibewachung im Saal ist verstärkt worden; auch in den Korridoren sitzen Polizisten. Es ist so voll wie am ersten Tag. Die beiden vorderen Reihen sind nun offiziell für Minister, Parlamentsmitglieder und weitere Würdenträger reserviert. Auf dem Eckplatz, dem Käfig am nächsten, sitzt Less. Die folgenden zehn Reihen sind mit Journalisten gefüllt; der Rest des Saales wie auch der Balkon beherbergt die Kinder Israels: Frauen mit Einkaufstaschen, Herren aus dem Geschäftsleben, bärtige Gottesgläubige mit schwarzen Hüten, Studenten und schokoladenbraun verbrannte Arbeiter.

Eichmann erscheint, und mein Freund, der Saalwächter, der noch immer nicht von den Stufen gefallen ist, wie ich höre, schreit: »Beit Mishpat!« Und der Gerichtshof schreitet herein. Kurz danach spielt sich folgende Szene ab, bei der jeder vor Spannung auf seinem Platz herumrutscht.

LANDAU (zum Saalwächter, immer auf hebräisch): »Sagen Sie dem Angeklagten, er soll sich erheben.« (Zu Eichmann, der aufgestanden ist): »Sie können Ihren Kopfhörer ablegen.« (Denn alles, was die Richter, der Angeklagte und der Verteidiger einander zu sagen haben, wird durch den offiziellen Dolmetscher auf dem Podium übersetzt.) »Wollen Sie eine Erklärung zu Ihrer Verteidigung abgeben? Wenn ja, so können Sie das ohne Eid oder unter Eid tun.«

EICHMANN: »Ich wünsche es unter Eid zu machen.«

LANDAU: »Wenn Sie eine Erklärung unter Eid abgeben wollen, so kann der Öffentliche Ankläger oder sein Stellvertreter Sie ins Kreuzverhör nehmen.«

EICHMANN: »Jawohl.«

LANDAU: »Sie können auch überhaupt keine Erklärung abgeben und schweigen. Sie haben also drei Möglichkeiten. Um es nochmals zu wiederholen: eine Erklärung ohne Eid, eine Erklärung unter Eid oder Schweigen. Was wählen Sie?«

EICHMANN: »Erklärung unter Eid.«

HAUSNER: »Ich richte die Aufmerksamkeit des Gerichtshofes auf Paragraph 5 des Gesetzes aus dem Jahr 1961, hinsichtlich des Platzes, von dem aus der Angeklagte seine Erklärung abgeben kann, nachdem er diesen Weg gewählt hat.«

LANDAU: »Ich entscheide. Entscheid Nr. 84. Auf Grund von Paragraph 5 des Gesetzes über Verbrechen, die mit dem Tod bestraft werden können, aus dem Jahre 1961 entscheide ich, daß der Angeklagte seine Erklärung unter Eid in bezug auf seine persönliche Sicherheit von der Anklagebank aus abgeben kann. So, und jetzt das Neue Testament für den Angeklagten.« (Gemurmel im alttestamentarischen Saal.) »Legen Sie Ihre rechte Hand auf die Heilige Schrift.«

EICHMANN: »Ich schwöre nicht auf die Bibel, ich schwöre bei Gott, weil ich nicht konfessionell gebunden bin, sondern gottgläubig.« (Unruhe im Saal; die Richter stecken die Köpfe zusammen, um zu beratschlagen.)

LANDAU: »Der Gerichtshof billigt Ihnen zu, in der Form zu schwören, die für Sie bindend ist.«

EICHMANN (streckt zwei Finger seiner rechten Hand in die Höhe): »Ich schwöre bei Gott, daß meine Aussage in diesem Gerichtsverfahren die Wahrheit, die ganze Wahrheit und nur die Wahrheit sein wird.«

Da steht er mit emporgestreckten Fingern, – er, der erklärt hat, daß er »aus moralischen Gründen« nie mehr schwören würde, daß kein Richter ihn dazu bewegen könnte, etwa einen Zeugeneid zu leisten, denn er habe gesehen, daß man dann die Konsequenzen ziehen müsse. Wenn er damals *geschworen* hätte, nie mehr zu schwören, wäre die Sache jetzt wesentlich deutlicher. Aber offensichtlich will er nochmals Konsequenzen ziehen. In seiner anschließenden Rede sagt Servatius, daß sein Klient sich über die Tragweite des folgenden Kreuzverhörs völlig im klaren sei.

Zum fünften Mal schwört Eichmann. Das erste Mal war es in Gegenwart Himmlers, als er zur SS kam: »Ich schwöre dir, Adolf Hitler, Treue und Tapferkeit. Ich gelobe dir und den von dir bestimmten Vorgesetzten Gehorsam bis in den Tod. So wahr mir Gott helfe.« Der zweite Eid folgte ein Jahr später, es war der gewöhnliche Soldateneid »mit Stahlhelm, Hand hoch«. Den dritten Eid legte er ab, als er 1934 zum SD kam, dieser wurde 1939 bei seiner Versetzung zur Gestapo erneuert: beide Male kam das Schweigegelübde hinzu.

Wenn es wahr ist, was er alles über die Unentrinnbarkeit eines gesprochenen Eides gesagt hat, und wenn ich es richtig intepretiert habe, dann müßte daraus folgen, daß er von nun an die ganze Wahrheit sagen wird. Sollte sich dagegen herausstellen, daß er lügt, so hat er auch damals seine Taten nicht aus jämmerlicher Worttreue begangen, sondern weil er ein Verbrecher ist. Wenn das eintritt, so zerreiße ich meine Kleider, schütte Asche auf mein Haupt und verstumme. So lange werde ich ihm glauben, wie ich an den Tod von sechs Millionen glaube.

Als Erläuterung zu seiner Weigerung, auf die Bibel zu schwören, gebe ich noch ein Zitat aus den Verhören zur Erwägung. Er erzählt, daß es 1935 Mode unter den SS-Männern wurde, aus der Kirche auszutreten, aber er machte es nicht mit; er war sehr in der Evangelischen Kirche verwurzelt und heiratete sogar kirchlich, obwohl man ihn deswegen verspottete. Aber in den folgenden Jahren »habe ich mir immer wieder gesagt: Ja – Kirche. Ist es denn wirklich möglich, daß der Gekreuzigte, der doch auch nur ein Mensch war, und – also – ich will das nicht ausführen jetzt – in diesem – in diesem Genre dachte ich.« Immer mehr kam er zur Einsicht, »daß es unmöglich sein kann, daß Gott so klein gewesen ist, daß er hier mit den Sachen, die in der Bibel stehen, als der Große – als der Schöpfer des Universums – als der – der – der Allmächtige angesehen werden kann – und da glaubte ich nun, meine eigene Sache gefunden zu haben – ich las auch Schopenhauer – daß der Weg der Konfession ein zwar sicherer wäre, weil man schön einen gesicherten Bergpfad hochginge und der freie Weg gefährlich wäre und ewig ein Weg wäre, wo man an sich selbst zu arbeiten hätte und all das – und ich sagte mir: Der Gott, an den ich glaube, ist größer als der Christengott, denn ich glaube an einen gewaltigen – an einen großen Gott, der das Universum geschaffen hat und in Bewegung hält, und da kam ich zur Erkenntnis, und dann ging ich 1937, unbeeinflußt von nie-, von niemand beeinflußt – meine Frau hielt mich dauernd zurück, aber ich erzählte dann zu Hause nichts mehr, wie ich dienstlich zu Hause überhaupt nichts erzählte meiner Frau – und ging zum Gericht eines Tages und ließ mich ausschreiben und machte weiter keinen – keinen Gebrauch davon und erzählte kaum etwas.«

Ich möchte dieses erstaunliche Zitat nicht durch Kommentare verpfuschen. Ich möchte nur darauf aufmerksam machen, daß dieser gewaltige Gott, der das Universum geschaffen hat und in Bewegung hält, nicht 'etwas zweites' war, das den SS-Eid zu unmenschlichem Gehorsam brechen konnte. Durch die Definition ist es ja auch ein *unmenschlicher* Gott, ein Gott als reine *Kraft*: der Gott der Maschinen. Es könnte vielleicht derselbe sein, für den Hitler kämpfte, »indem er sich des Juden entwehrte«.

Bei diesem Gott hat Eichmann heute in Jerusalem geschworen.

Mittwoch, 21. Juni. Während in der Stadt die Temperatur zeitweise bis 40 Grad steigt, ist es im Gerichtsgebäude angenehm kühl. Aber sogar draußen setzt einem die Hitze nicht besonders zu, die Bergluft ist trocken, und abends kühlt es sich schnell ab – wie man sich aus der Bibel erinnert.

Inzwischen ist Eichmann gestern und heute mit Gestalt und Stimme aus der Unsichtbarkeit zum Vorschein getreten. Er erzählt, daß er nach seiner Verhaftung an ein Bett gefesselt und gezwungen wurde, zu erklären, er sei freiwillig mitgekommen. Er sagt, daß der letzte Krieg Deutschland aufgezwungen wurde, und den Judenmord erklärt er aus den schnellen Anfangssiegen: Man verfiel in übertriebene Annahmen der Unbesiegbarkeit, durch die man »zu törichten, sinnlosen, hemmungslosen Maßnahmen schritt«, was er tragisch nennt – natürlich nicht für die Juden, sondern für die Deutschen, die sich so von ihrem Erfolg mitreissen ließen. Das gehört vermutlich wieder zum »deutschen Charakter«: sie waren zu froh.

Eines wird bei jedem Wort deutlicher: Man befindet sich mit ihm in den untersten Regionen, zwischen Wracks und Riffen. Sobald Landau etwas sagt, auch das Nebensächlichste, scheint die Sonne aufzugehen.

Ebensowenig wie ich es bei Hausners Beweisführung tat, werde ich auf die zahllosen Dokumente eingehen, die Servatius vorbringt. Seltsam ist allerdings, daß es dieselben sind. Dieselben Dokumente, die Eichmanns Schuld beweisen sollen, sollen seine Unschuld beweisen. Das sagt genug. Die Hälfte der Zeit nimmt die Deutung von allerlei Initialen, Paragraphen und Abkürzungen in Anspruch, die die Dolmetscher zur Verzweiflung bringen. Die übrige Zeit füllt Eichmann mit verwaltungstechnischen Vorlesungen über den komplizierten, außerordentlich düsteren Aufbau des Terrorapparates der Gestapo und des SD, ihrer Verbindungen miteinander und mit Dutzenden von anderen SS-Büros, den Einsatzgruppen, der Partei, den Ministerien, dem Heer und – ich weiß nicht was noch – aus; und vor allem mit der Stellung seines eigenen Amtes IV B 4.

Wenn je Form und Inhalt eins waren, so bei Eichmanns Ausführungen über die Hierarchie. Sie sind völlig unbegreiflich. Erst einmal wird man von seiner Stimme abgelenkt, die den Tonfall einer Peitsche besitzt. Er spricht, wahrscheinlich um Eindruck auf die Richter zu machen, noch abgehackter als auf den Tonbändern mit Less; auch das österreichische 'ei' und das rollende 'r', an die man sich durch Hitler erinnert, sind stärker, als man annahm. Dazu kommt der angsteinjagende SS-Jargon, an dem fünfzehn Jahre deutscher Sprachentwicklung vorbeigegangen sind, und immer noch die Unmöglichkeit, etwa 'Himmler' zu sagen. Wenn er Himmler dreimal in einem Satz nennen muß, sagt er dreimal »der Reichsführer SS und Chef der deutschen Polizei« – in einem Atem, wie ein Wort. (Höß hat tatsächlich in seinen Memoiren ein einziges Wort dafür gefunden: der RfSSuChdd-Pol.) Ich wüßte wirklich keinen schlagenderen Beweis für die Tatsache, daß für diesen Mann keine menschlichen Beziehungen bestehen, heute nicht und damals nicht, sondern nur Maschinenverhältnisse: kein Mensch – Himmler, sondern 'RfSSuChddPol', keine Juden, sondern »diejenigen, die getötet werden mußten«, kein Eichmann, sondern »ich, der diejenigen, die getötet werden mußten, transportierte«.

Zu dieser Abgehacktheit gesellt sich ein Wortschwall in barokker Syntax, wie ich sie nicht für möglich gehalten hätte. Nebensatz reiht sich an Nebensatz, und im vierten Nebensatz wird plötzlich eine Einschränkung durch einerseits und andererseits mit einem Hinweis auf Vorhergesagtes gemacht, rückblickend auf den dritten Nebensatz, laut Befehl so und so, angesichts, obwohl, Reichsführer SS und Chef der deutschen Polizei, denn, aber übrigens, demnach also, was nicht wegnimmt ... und so flutet und ebbt es weiter. Am liebsten würde er die Weltgeschichte seit 1933 in einem Satz zusammenfassen. Das Außergewöhnliche dabei ist, daß er selbst keinerlei Schwierigkeit zu haben scheint, nicht den Faden zu verlieren, den schon längst keiner mehr sieht. Er zögert nie, er verhaspelt sich nie, mit seinem Kugelschreiber skandiert er den Rhythmus der Nebensätze und legt Zeugnis für sein unglaubliches Gedächtnis ab. Es ist die Sprache der Einkommenssteuererklärungen und Gerichtsprotokolle ins Wahnsinnige vervielfacht. Diese Art des Redens *ist* der Faschismus.

Landau hört indessen mit verzogenem Gesicht zu. Heute machte er einmal Schluß damit. Es geschah nach – oder vielleicht während – eines Satzes von zweihundertfünfzig Wörtern (ich habe sie im Protokoll nachgezählt): »Ich möchte dem Angeklagten sagen, daß Stil eine persönliche Angelegenheit ist; aber wenn er möchte, daß wir ihn verstehen, und ich spreche auch im Namen meiner Richter, dann sollte er sich in kürzeren Sätzen ausdrücken. Wir wissen, daß im Deutschen das Prädikat am Ende des Satzes steht, aber bei seinen Sätzen dauert es zu lange bis zum Prädikat.«

Auch Servatius sagt daraufhin, daß er seinen Klienten bereits 'belehrt' habe, trotzdem muß Eichmann an diesem Vormittag noch zweimal zur Ordnung gerufen werden. Die alles verwüstende Rechenmaschine läßt sich nicht einfach bändigen. Wenn er getadelt wird, steht er wie ein Schuljunge stramm und sagt kurz: »Jawohl.«

Donnerstag, 22. Juni. Die Reihen der Journalisten weisen wieder große Lücken auf; mit Transistoren im Ohr, ein Auge zum Bildschirm gerichtet, sitzen sie im Pressesaal und beginnen schon ihre Artikel.

In der Pause spreche ich Less an und gehe mit ihm in eines der Zimmer der Ankläger. Er ist sehr freundlich, hat einen braungebrannten Schädel und einen ansehnlichen Schnurrbart. Fast ein ganzes Jahr lang hat er täglich stundenlang mit Eichmann gesprochen und kennt ihn demnach besser als irgend jemand in Israel. Ich frage ihn nach seiner persönlichen Meinung.

»Ein Opportunist. Herr Eichmann ist jemand, der über Leichen geht, um Karriere zu machen. Er ist ein verkrachter Ingenieur mit einem Minderwertigkeitskomplex. Deshalb hat er sich zu einer Art von Judenspezialisten entwickelt: um bei seinen Vorgesetzten aufzufallen.«

»Was halten Sie von seiner unentwegten Berufung auf den 'Befehl'?«

»Ach, er ist natürlich in erster Linie Deutscher, aber zweifellos gebraucht er das auch als Ausrede.«

»Glauben Sie, daß er viel lügt?«

»Er lügt, natürlich lügt er.«

»Hätte er, wenn Albert Schweitzer Reichskanzler gewesen wäre, ihm nicht ebenso vortrefflich gedient wie Hitler?«

»Bestimmt nicht. Herrn Eichmanns organisatorische Begabungen konnten nur im Zusammenhang mit dem Verbrechen erwachen. Er hat einen deutlich kriminellen Einschlag.«

»Sie betrachten ihn demnach als einen ziemlich einfachen psychologischen Fall. Glauben Sie nicht, daß gerade dadurch die große Lektion des Nationalsozialismus ignoriert wird?«

In diesem Augenblick dreht sich die Sekretärin eines der Ankläger an ihrem Schreibtisch um.

»Ich habe irgendeinen jener Tests für Mörder gesehen, denen

er unterzogen wurde. Sie wissen schon – sechs Bilder, zu denen man etwas sagen muß. Eichmann gab fünfmal die richtige oder falsche Antwort – wie soll man es ausdrücken. Es stand eine Bemerkung daneben, daß dieses Resultat außergewöhnlich sei: der Durchschnittsmörder gibt nur zwei oder drei der Antworten.«

Ich erwidere, daß ich von Tests nicht viel halte. »Wer kann feststellen, daß die richtigen Antworten auf eine Anlage zum Mörder hinweisen? Vielleicht weisen sie auf etwas ganz anderes in demjenigen hin, der einmal gemordet hat. Ich möchte wetten, daß ich einen Test entwerfen kann, der ausschließlich von Heiligen und Massenmördern gleichlautend beantwortet wird und also etwas Gemeinsames in ihnen aufzeigt.« Doch ich erinnere mich rechtzeitig daran, daß ich nicht hier bin, um zu antworten, sondern um zu fragen.

»Welche Eigenschaft ist Ihnen bei Eichmann am meisten aufgefallen?«

»Unterwürfigkeit.«

»Ist Unterwürfigkeit die Haupteigenschaft eines typischen Mörders?«

Less lacht. »Vielleicht von deutschen Mördern.«

»Ist er, wenn man nicht weiß, wer er ist, sympathisch oder unsympathisch?«

»Ich kenne natürlich Ihren Geschmack nicht. Wenn er lacht, lachen seine Augen nicht mit. Er hat Mörderaugen.«

»Es heißt, daß Sie einen günstigen Einfluß auf ihn hatten.«

Er lacht. Die Sekretärin lacht auch.

»Ich war Herrn Eichmanns Beichtvater. Einmal, als ein Ankläger dabei war, sagte er versehentlich über mich: „Herr Dr. Less, mein Verteidiger". Nach den ersten Wochen war sein Gesichtstic völlig verschwunden.«

»Der ist jetzt schlimmer denn je.«

»Ja.«

»Glauben Sie, daß er gehenkt wird?«

»Ich hoffe es.«

Abends erscheinen bei einer Gartenparty in der niederländischen Botschaft auch Landau und Hausner mit ihren Damen auf dem Rasen. Ohne Robe ist Hausner der kleine, unscheinbare Mann, an den ich mich von unserem Mittagessen her erinnere. Landau ist viel größer, als ich dachte: ein außergewöhnlicher Mann, der auch, wenn man ihn nicht kennen würde, auf sonderbar unbetonte Art auffiele. Sie nicken sich freundlich unter den Lampions zu, sprechen jedoch nicht miteinander.

Freitag, 23. Juni. Um Servatius Gelegenheit zu geben, seine Verteidigung vorzubringen, finden nur Vormittagssitzungen von halb neun bis zwei Uhr statt. Das Mischmasch von Dokumenten und Wörtern wurde einmal aufgerührt, als Landau sich zum ersten Mal auf Deutsch – mit hebräischem Akzent – an Eichmann wandte. Er ermahnte ihn, nicht weitschweifig zu werden, sondern kurz und bündig die Fragen zu beantworten; die Fragen hier im Gerichtssaal seien anders gemeint als während der Verhöre durch Less. Natürlich hat er recht, aber dieses Recht verliert an Objektivität, wenn man bedenkt, daß er Hausners Zeugen stundenlange Ausführungen zubilligte, die zwar schrecklich waren, aber juristisch betrachtet auch nichts mit der Sache zu tun hatten. Dazu kommt, daß dieser Zeuge sich in Lebensgefahr befindet, die anderen dagegen nicht mehr.

Samstag, 24. Juni. Wesentlich fürchterlicher als der christliche Sonntag ist der Sabbat. Kein Autobus fährt, kein Restaurant, Café, Theater oder Kino ist geöffnet. Die Juden sitzen zu Hause im Bett, im Bad oder essen. Die Sonnenstrahlen prasseln auf die tote Stadt hernieder. Aus Synagogen erklingt verzweifelter Gesang. Nur ein paar Halbstarke die mit Kofferradios durch die Straßen ziehen, erinnern an das menschliche Leben.

Sonntag, 25. Juni. Das *Beit Ha'am,* von dem aus ich meine Artikel abschicke, ist verlassen wie eine Schule am Feiertag. Alle sind am Meer oder liegen in einem der Schwimmbäder der großen Hotels. In der Kantine unterhalte ich mich eine Weile mit Oberst Kopel, einem der Leiter der Polizeimacht auf dem Gelände und drum herum: einem stattlichen, ergrauenden Mann mit hellblauen Augen und einer ebenso germanischen Nase wie Claudius Civilis. Obgleich er 1934 Deutschland verlassen hat, sprechen wir Englisch. Seit August vorigen Jahres befindet sich Eichmann in seiner Obhut, und er ist nicht besonders gut auf ihn zu sprechen, obwohl sich Eichmann schon nach dem ersten Tag nicht mehr in den Rangbezeichnungen irrte und ein jüdischer Oberst für ihn kein Jude, sondern ein Oberst ist. Kopel hält ihn für einen Beamten hinter einem Briefmarkenschalter. Als ich einwende, daß seine administrativen Qualitäten doch größer seien, bestreitet er es entschieden. Ich finde das einen gesunden Standpunkt: einfach nichts von Qualitäten wissen zu wollen. Ich frage ihn, ob es keine gute Belehrung sein würde, Eichmann Israel zu zeigen. Er sagte, daß man dies einmal mit einem ägyptischen General und seinen Offizieren getan habe, daß aber Eichmann dafür nicht gut genug sei. Dann amüsieren wir uns über barocke Eichmann-Ausdrücke. Zwei besonders schöne: 'Aktenkundigst', und die Entdeckung des Superlativs von 'kein': 'in keinster Weise'.

Schließlich erzählt der Oberst noch, daß Eichmann in Argentinien einen 'Science-Fiction'-Roman geschrieben habe. Eine befriedigendere Neuigkeit hätte ich nicht erfahren können!

Montag, 26. Juni. Eichmanns Gesicht wird allmählich zur Ruine. Kein Teil steht mehr still, der Mund rutscht nach rechts und links, die Zunge tastet unaufhörlich Backen und Lippen ab, die Augen weichen zur Seite, ein Tic befällt einmal das linke, ein andernmal das rechte Auge. Auch das Zittern des Kopfes und der Hände, das mir im vergangenen Monat aufgefallen war, hat zugenommen. Erstarrt das Gesicht dann und wann flüchtig, so hat es sich zu einer abscheulichen Grimasse verkrampft.

Im Wirrwarr nazibehördlicher Verhältnisse und Verantwortlichkeiten, die Eichmann heute wieder mit linguistischer Akrobatik beschrieb, gab es nur am Anfang ein persönliches Moment: alle Journalisten waren glücklich – sie hatten ihre 'Schlagzeile'. Es handelte sich wieder um die Wannsee-Konferenz vom 20. Januar 1942, auf die der Prozeß stets zurückkommt. Obwohl bereits Zehntausende von Juden durch vier Einsatzgruppen hinter der Ostfront getötet worden waren, wurde jetzt von Heydrich die systematische Vernichtung *aller* europäischen Juden angeordnet. Eichmann gibt zu, das Zahlenmaterial für seine Rede vorbereitet zu haben; vom Vernichtungsplan soll er angeblich erst bei der Konferenz aus Heydrichs Mund erfahren haben. Wie es um die Pläne stand, geht aus der Tatsache hervor, daß er bei der Aufzählung auch nicht die englischen Juden vergaß (330 000), ebensowenig wie die Schweizer (18 000), die schwedischen (8 000), die spanischen (6 000), die portugiesischen (3 000), die türkischen (55 000) und die irischen (4 000). Zusammen gut elf Millionen zu tötende Personen, was ungefähr der Bevölkerung der Niederlande entspricht. Anwesend waren hohe Beamte sämtlicher zuständigen Ministerien und Behörden, die meisten von ihnen mit akademischen Titeln von Europas berühmtesten Universitäten und Väter vielversprechender Kinder.

Man kann lange über diese Herren im Lustschloß am See, ein Glas Kognak in der einen Hand, eine ägyptische Zigarette in der anderen, und ihre Beziehung zu den aufeinander gepreßten nackten Frauen, auf deren Köpfe nackte Kinder gelegt werden, damit kein Gas vergeudet wird, nachdenken. Solche Greuel werden gern als 'unmenschlich' bezeichnet – aber dann ist 'Menschlichkeit' eher Wunsch als Wirklichkeit. Tiere haben sich so etwas noch nie ausgedacht. 'Tierisch' ist es erst an letzter Stelle. Da auch von Pflanzen und Gestein nichts Derartiges bekannt ist, sollte man am besten feststellen, daß es typisch menschlich ist. Vielleicht birgt sich das Grauenerregende der Wannsee-Konferenz darin, daß diese Menschlichkeit dabei in ihrer bisher reinsten, abstraktesten Form sichtbar geworden ist: ohne anwesende Opfer, ohne einen Tropfen Blut, nur als *Idee:* ein Grüppchen Herren, ein Glas Kognak in der Hand, inmitten antiker Mosaiken.

Eichmann unterhielt sich danach noch eine Weile mit Müller und Heydrich. »Sie scheinen auch sehr zufrieden gewesen zu sein«, sagte Servatius heute morgen. »Wollen Sie das mal erklären?«

»Jawohl, nur ist diese Zufriedenheit aber auf einem anderen Sektor zu suchen als wie etwa die Heydrichsche Zufriedenheit« – und er bittet um Erlaubnis, dies etwas ausführlicher erläutern zu dürfen. Seine Zufriedenheit hatte nichts mit dem Ergebnis der Konferenz zu tun; er war 'beruhigt', weil der Plan nicht von ihm stammte. »Nachdem ich«, sagt er halb okkult, »dergestalt dieses mein Wollen gewissermaßen mir selbst offenbaren konnte – am Ergebnis der Wannsee-Konferenz –, in dem Augenblick hatte ich eine Art Pilatus'sche Zufriedenheit in mir verspürt, denn ich fühlte mich bar jeder Schuld. Hier auf der Wannsee-Konferenz sprachen nun die Prominentesten des damaligen Reiches, es befahlen die Päpste, ich hatte zu gehorchen, und daran dachte ich in all den kommenden Jahren.« Und er sagt, daß dies durch die Aufzeichnungen bestätigt werde, die er am Rande der argentinischen Pampa machte, als er nicht im geringsten daran dachte, je vor einem israelischen Gerichtshof zu erscheinen.

Das war ungefähr 1955 im Dorf Joaquin Gorina, wo er eine Kaninchenzucht hatte. In jener Abgeschiedenheit versuchte er verzweifelt, mit sich ins reine zu kommen. Er las populär-wissenschaftliche Werke über Atomphysik, Astronomie, Biologie und Geschichte; die deutsche Illustrierte »Stern« hat sich dieser Bücher bemächtigt: die Ränder sind mit Anmerkungen bedeckt, in denen er durch den Text seine Vergangenheit zu rechtfertigen sucht. Auch Bücher über die Nazizeit las er dort; stieß er etwa auf eine Zeugenaussage von Wisliceny, in der er selbst genannt wurde, dann schrieb er an den Rand: »Abgründiges Schwein« oder »Arsch mit Ohren«. Ein deutscher Autor über Eichmann, Robert Pendorf, hat festgestellt, daß er Hunderttausende nüchtern und ohne Haß in den entsetzlichsten Tod schickte, aber in den Nachkriegsjahren einen wilden Haß gegen jeden entfaltete, der an der Basis seiner Scheinrechtfertigung rüttelte. Mindestens fünf Jahre vor seiner Verhaftung befand er sich in einer Art von Krise, die vielleicht etwas mit der Geburt seines argentinischen Sohnes Ricardo zu tun hatte. Damals schrieb er seine Autobiographie: ungefähr achtzig Seiten lang, von der sich ein Exemplar in Deutschland, sowie eins in Israel befindet.

»Ich bin es langsam müde, als anonymer Wanderer zwischen zwei Welten zu leben«, schrieb er, bezichtigte sich selbst der Mitschuld am Mord und erwog sogar, sich in Deutschland zu stellen; er unterließ es jedoch, da ihm der heutige Status eines vereidigten Befehlsempfängers nicht deutlich war. »Ich war nichts anderes als ein getreuer, ordentlicher, korrekter, fleißiger und nur von idealen Regungen für mein Vaterland, dem anzugehören ich die Ehre hatte, beseelter Angehöriger der SS und des Reichssicherheitshauptamtes.«

Und wie stand es damals mit Pilatus, mit dem er sich heute vormittag verglich? »Ohne jede pilatische Gebärde stelle ich fest: Ich bin vor dem Gesetz und vor meinem Gewissen nicht schuldig.«

Hokuspokuspilatus: da ist er, und schon ist er wieder weg! Übrigens gibt es hier in Jerusalem ein Museum, in dem unter anderem Seifenstücke gezeigt werden. »Made in Germany« – aus ermordeten Juden. Solche Seife benutzt Pontius Eichmann, um seine Hände in Unschuld zu waschen.

Dienstag, 27. Juni. Schnell und sicher entwickle ich mich zu einem echten Reporter: ich kann jetzt sogar eine Welterstmaligkeit liefern, ja, wie sich herausstellen wird, eine kosmische Erstmaligkeit. Es ist mir geglückt, eine halbe Stunde lang Eichmanns Autobiographie zu studieren, die er während seiner Haft schrieb. Es handelt sich also um ein anderes Dokument als das argentinische, aus dem ich gestern zitierte. Das Werk heißt »Meine Memoiren« und umfaßt ungefähr zweihundert handgeschriebene Seiten. Obgleich es Hausner als Beweismittel diente, ist es bisher nicht veröffentlicht worden.

Aus Zeitmangel mußte ich mich auf die Einleitung beschränken, die persönlich gehalten ist und mich übrigens am meisten interessierte. Übrigens hatte ich Schwierigkeiten mit der halbgotischen Handschrift, obgleich sie an sich deutlich ist. Soweit ich feststellen konnte, steht in der Abhandlung wenig Neues; das meiste befindet sich auch in den Verhören oder wird sonst im Laufe des Prozesses zur Sprache kommen.

Gleich der erste Satz ist von Übernatürlichkeit umwölkt: »Heute, 15 Jahre und einen Tag nach dem 8. Mai 1945, beginne ich meine Gedanken zurückzuführen bis zu jenem 19. März 1906, als ich in Solingen, Rheinland, um 5 Uhr morgens, in das irdische Leben, als Erscheinungsform Mensch, eintrat.«

Ich möchte erläutern, um was es sich hier handelt. Um eine Lüge. Alles stimmt genau, aber es fällt dabei kein Wort der Wahrheit. Er meint, daß ein tiefsinniger Mensch so schreibt: Wieder einmal schreibt er nicht selber – was auch nicht möglich ist, denn er existiert nicht. Er existiert nur durch andere. Doch insofern – aus Mangel an Talent – nur die Lüge seine Wahrheit sein kann, ist alles richtig, was er schreibt. Er ist kein echter Mensch, sondern nur dessen 'Erscheinungsform'. Er ist ein anderer Mensch. Auch die verwaltungstechnische Kleinlichkeit stimmt, ebenso wie der Kernpunkt des 8. Mai 1945, als seine Welt zusammenstürzte.

Und die Maschine schreibt weiter. Als Kind war er »leicht lenkbar und folgsam«, Gehorsam war »etwas Unumstößliches, etwas nicht Ausderweltzuschaffendes«. Sein Vater war für ihn »absolute Autorität«. Schon bald verschob sich die Autorität des Vaters zu Hitler. Wie völlig diese Verschiebung war, beweist eine Stelle aus den Verhören, etwa aus derselben Zeit stammend wie diese Autobiographie: Darin sagt er, daß er sogar seinen Vater getötet haben würde, wenn es ihm befohlen worden wäre.

Übrigens sieht er inzwischen ein, daß ein durch »Befehle, Verordnungen, Erlasse und Weisungen« bestimmtes Leben vor allem ein *leichtes* Leben war. Als darum, wie er schreibt, nach dem 8. Mai keine Befehle mehr eintrafen, befand er sich in 'Weltuntergangsstimmung', apokalyptische Reiter schienen durch seinen Kopf zu jagen. Es eröffnet sich ihm ein bisher unbekanntes Leben, schreibt er, ein Leben, in dem er anfangs absolut nicht seinen Weg finden konnte. Das war seine Freiheit. Sie hatte folgende Auswirkung: »Kubikkilometergroßes, schwarzes Etwas wälzte sich in ein anderes und schien mir meinen Kopf zum Platzen, zum Bersten zu bringen; es pochte an den Schläfen wie mit schweren Vorschlaghämmern, von innen nach außen, und ich sah all das Furchtbare, das meine Augen schauen mußten, aus der Zeit, da für mich das Höchste der Befehl war.«

Hier wird auch die *Sprache* des Hochofens angewandt, denn es spricht nicht so sehr ein Mensch in Not als eine tollgewordene Maschine ohne Maschinisten. Die Wirklichkeit wurde, jäh aller Schleier des 'Befehls' entkleidet, *sichtbar.* Hitler war tot, und es gab keine Autoritätsträger mehr. Wohin begab er sich bei diesem zweiten Mal? Wie rasend sucht er plötzlich den Sinn des Lebens. Bis dahin war es ihm, wie er schreibt, nie in den Sinn gekommen, daß es eine solche Frage geben könnte, geschweige denn, daß er darüber 'nachgrübelte'. So sehr er sich in den Tagen seiner pseudonymen Kriegsgefangenschaft abplagte, oft mit anderen ratlosen SS-Männern, »einen höheren Sinn konnte ich für das gesamte irdische, organische wie anorganische Leben nicht finden«. Endlich verstand er es freilich, sich seiner Freiheit zu entledigen, endlich fand er einen würdigen Nachfolger seines Vaters und Hitlers: »Endlich glaubte ich in der kosmischen BEWEGUNG, in der BEWEGUNG DES ALLS, den einzigen und ursprünglichsten Höheren Sinn alles Lebens überhaupt erkannt zu haben.« Der Gott der Maschine wurde geboren! Vorige Woche hat er bei diesem Gott geschworen, der sich zu Hitler so verhält wie Hitler zu seinem Vater – der bei jedem Tagesprotokoll in Jerusalem genannt wird: *Der Generalstaatsanwalt des Staates Israel gegen Adolf, Sohn des Adolf Karl Eichmann.*

»Nun war ja wieder alles in Ordnung, mein Wesen konnte sich wieder beruhigen, denn ich war ja nicht bar jeglicher Führung, sondern ich wurde ja wie eh und je weitergeführt.« Die große Hand ruhte wieder schützend auf dem Kopf des blutrünstigen Knirpses. Alles war »klar, einfach, überzeugend und beglückend ... Als ich über mich selbst wieder Bescheid wußte, lag ich im hohen Fieber, und der Lagerarzt mühte sich um mich.« Alles, was früher war, ist nun sinnlos geworden – und vielleicht sogar wieder 'unsichtbar': »Mit der Wiedergenesung fiel für mich die Türe des finsteren Mittelalters ins Schloß. Vierhundert Jahre später, als ich bis dahin annahm.« Und zum Zeichen, daß er überhaupt nichts begreift, fragt sich der Unselige, warum er nicht eher eingesehen hat, »daß dies das Allmächtige, daß dies die göttliche Gewalt und Macht in Wahrheit sei.« Sein Leben wäre dann ganz anders verlaufen.

Am Ende seines Romans ruft er die heutige und künftige Jugend auf, für den Frieden zu arbeiten, obwohl er sich bewußt ist, »daß für das Vertreiben und Töten von Millionen Deutschen bisher noch keiner bestraft wurde und sicherlich auch nie bestraft werden wird.«

Mittwoch, 28. Juni. Nach einem Vormittag abgestrittener Verantwortlichkeit gehe ich durch die versengte Stadt zum Berg Zion, der unmittelbar an die Mauern des jordanischen Jerusalem grenzt. In der Stadt ist das Niemandsland ein etliche hundert Meter breiter Trümmerstreifen eingestürzter Häuser, kaputtgeschossener Straßen und umgefallener Bäume. Hier liegen Rollen Stacheldraht auf dem ausgedörrten Boden, manchmal über eine Asphaltstraße, die seit Jahr und Tag kein Menschenfuß mehr betreten hat. Wer es einmal wagen sollte, würde nach zehn Schritten blutend auf der Nase liegen: dick verpackt, mit roten Kopftüchern, stehen die arabischen Soldaten auf den Dächern hinter ihren Maschinengewehren. Durch Feldstecher betrachten sie die Touristen, die sie ihrerseits durch Feldstecher betrachten.

Bettler wie Propheten strecken jammernd die Hand am Fuß des Hügels von David und Salomon aus, auf dem einst das Lamm mit den Hundertvierundvierzigtausend stehen wird.

Rechts davon liegt das steile Tal Gei-Hinnon, wo der Baalsdiener Achaz nach den Greueln der Heiden seine Söhne auf den Altären Molochs opferte, wie übrigens später Manasse, der außerdem Hexerei betrieb, nach Vogelschreien lauschte und zauberte. Aber eines Tages zerstörte er seine Altäre – und er zerstörte sie anders als die SS die Gaskammern in dem Gehenna von Auschwitz –, denn er bekehrte sich von einem Gott der Bewegung zu einem Gott der Beschränkung: ich möchte nicht behaupten, daß der erste 'gewaltiger' ist als der zweite.

Treppen führen hinauf, Schilder ermahnen zur Ehrfurcht, und Kopfbedeckungen, Käppchen sind erhältlich. Auf dem geebneten Gipfel, über den der heiße Wind aus den Hügeln von Judäa weht, spenden Baumreihen Schatten. Der Pfad schwenkt nach links ab, durchquert einen Garten und verschwindet in einer komplizierten und mittelalterlichen Konstruktion von Gängen, Innenhöfen, Treppen und Hallen. In schwarzverqualmten Nischen brennen Scharen von Kerzen für König David. Nach vielem Suchen finde ich den Durchgang zum Dormitio-Kloster der Dominikaner, in dem ich einen Mönch kenne. Der Pater, der aufmacht und hört, daß ich Father Jacob sehen möchte, entblößt seine Zähne und sagt: »Amazing«. Sein Englisch stammt offensichtlich aus einem Lehrbuch der gesellschaftlichen Umgangssprache aus dem Jahre 1910.

Kurz danach stehen der Mönch und ich in der Krypta der Kirche vor einem ziemlich grauenhaften Bild Mariä auf ihrem Totenlager. Nach der Legende fiel sie an dieser Stätte in ewigen Schlaf und fuhr mit ihrem Körper gen Himmel. Und nach einem etwa fünfzig Meter langen Spaziergang durch Gassen, Hallen, Gängen stehen wir vor Davids Grab: einem vier Meter langen und fast mannshohen Sarg in einem dunklen Raum, der kaum größer ist. Auf den Bänken der dämmrigen Vorhalle wiegen sich betende Orthodoxe fromm hin und her. Sie sollten sich einmal vorstellen, daß Goliath im Sarg liegt, denke ich.

Wir steigen eine Treppe hinauf und gelangen in einen leeren, nicht besonders großen Saal, in dem laut christlicher Tradition das Letzte Abendmahl stattgefunden haben soll; auch wurde hier der Heilige Geist über die Apostel ausgegossen. An den Wänden hängen arabische Inschriften: der Raum diente jahrhundertelang als Moschee. Jetzt geschieht nichts mehr darin. Bei der Bestandsaufnahme 1948 wurde von Juden, Christen und Mohammedanern der *Status quo* dieses Saales beschlossen, in dem ebenfalls die Fußwaschung stattfand.

Donnerstag, 29. Juni. 1944 sagte Eichmann in Budapest zu dem Judenführer Joel Brand, daß er zu den Alliierten fliegen müsse, um eine Million Juden gegen zehntausend Lastwagen zu tauschen, das heißt hundert Juden für einen Lastwagen. Dieses wahnsinnigste Angebot der Weltgeschichte, das fehlschlug, weil niemand Juden haben wollte, hat Brands Leben zerstört. Er hat ergrauendes rotes Haar, auch seine Arme bedeckt ein roter Schimmer. In der Kantine erzählt er, daß Eichmann schon damals den Tic um Augen und Mund hatte. Allerdings sei er frecher gewesen als jetzt. Er pflegte nur zu schreien und seine Wörter wie aus Maschinengewehren abzufeuern, während er mit gespreizten Stulpenstiefeln und in die Seiten gestemmten Händen im Zimmer stand. Und seine Befehle? Die empfing er aus dem Spiegel!

Ein ostdeutscher Journalist mischt sich ins Gespräch und fragt, wovon wir dauernd reden. Was spiele es denn für eine Rolle, wie Eichmann damals stand, es gehe doch darum, wie die Eichmanns jetzt stehen. Der Gerichtshof hier spreche bereits genauso wie die bürgerliche Presse nur über Tote und über *jene* Säulen des Faschismus, die mit Hitler umfielen, aber nicht über das immer noch bestehende Großkapital, das Hitler zur Macht verhalf. Alles, was Bonn unangenehm sein könne, werde vermieden. Ich sage, daß ich sofort bereit sei, ihm zuzustimmen, aber ich wisse auch, daß die »Prawda« kürzlich wörtlich dasselbe verkündet habe, und zwar durch V. Krimsky, und daß es einen peinlichen Eindruck erwecke, es mit soviel Überzeugungskraft aus seinem Mund zu hören.

Freitag, 30. Juni. Es geht um die Niederlande. Eichmann weist jegliche Verantwortung ab.

Nachmittags hält ein Herr mit Hut im 'Artists House' einen einstündigen Vortrag über typische Gebräuche in Synagogen. Er singt, hüpft herum, schluchzt, spricht Jiddisch, stammelt, fällt vornüber, kriegt einen Schlucker, betet, und der Saal voller amerikanischer Touristen wiehert vor Lachen. Und morgen, sagt er, halte er einen weiteren Vortrag im selben Stil über die Juden. Und wir notieren uns alle: *Morgen, sechs Uhr, netter Vortrag.* Ich platze fast vor Ärger. Setz deinen Hut ab, geh in den Kibbuz und äffe keine Juden nach. Wenn irgendwo Gasluft aufsteigt, wenn etwas dem Staat Israel widerspricht, so ist es die halb-antisemitische Romantik schmutziger, zurückgebliebener Talmudisten, die sich sogar weigern, Hebräisch zu sprechen, natürlich nicht dienen wollen, den Staat am liebsten morgen vernichtet sehen, allerdings im Omnibus sitzen und von amerikanischen Juden ausgehalten werden, die Geld statt sich selber schenken. Aber deswegen sind sie 'proud' auf Israel. In Hotels fragen sie den Kellner, woher er kommt. »Irak«, sagt der arme Kerl, oder »Polen«. Woraufhin sie ihn stolz lächelnd anblicken und sagen: »Wonderful«.

Und gemeinsam machen wir uns zu den Synagogen auf! Sieh uns: lärmend und hilflos, bebrillte Frauen mit ein Meter breiten Goldhüten in rosa und gelben Kleidern, mager wie aus einem unterentwickelten Gebiet, Männer, die ratlos in karierten Hemden hinter ihnen her straucheln. Photographierend und dumme Fragen stellend, durchqueren wir die düsteren Viertel der Gläubigen: zweistöckige Straßen mit bogenartigen Treppen ohne Geländer, in jedem Eingang eine alte Frau, ein bärtiger Mann Gottes, ein Kind mit langen Wollstrümpfen. Wer hierher mit bloßen Armen kommt, wird verjagt, wer hier am Schabbes eine Zigarette raucht, wird gesteinigt, denn er 'arbeitet'. Kein Wunder, daß derjenige, der das bereits für Arbeit hält, sonst überhaupt nichts tut. Und dieser Rabbinerterror von 1000 v. Chr. erstreckt sich bis in die Stratosphäre: in einem viermotorigen El-Al-Comet-Jet ist es auch noch über dem Nordpol der Stewardeß verboten, Milchpuder zum Kaffee zu servieren, wenn gerade Fleisch bestellt worden ist.

Mein Gott! Die persische Synagoge: grün, denn das ist die heilige Farbe des Islam; die spanische Synagoge: von Neonröhren beleuchtet wie ein Café; die jemenitische Synagoge mit einem für Elia an die Decke gebundenen Stuhl, dem ersten El-Al-Zubehör. Als wir alle in der chassidischen, nur zimmergroßen Synagoge stehen, kommt, ach, zufällig ein alter Rabbiner herein, nickt, setzt sich und murmelt fromm aus einem Buch. Es sei ein 'kabbalistischer' Rabbiner, sagt der Reiseführer, er kenne die Bibel auswendig. »Oh!« rufen die Amerikaner. Es herrscht die Stimmung einer Kindergesellschaft. »Soll ich ihn bitten, uns seinen Segen zu geben?«, »Ja«, jauchzen alle Kinder im Chor. Er geht zum Rabbiner, und das Unglaubliche geschieht: nach einigem abweisenden Aufblicken und Weigern erhebt sich der Greis und beginnt, mit brüchiger Stimme zu singen.

Wieder draußen, kommt ein Mann durch die Gasse vorbei, der laut auf einem Tuthorn bläst. »Das ist das Zeichen, daß in einer halben Stunde der Schabbes anfängt«, sagt der Führer. »Wir müssen jetzt gehen.« Kurz danach sehe ich eine alte Frau herankommen: sie hält einen Stock in die Höhe, an dem ein Strohbündel und einige Töpfe und Pfannen baumeln. Ich erkundige mich, was das für ein Ritus sei. »Ach, das tut sie schon jahrelang«, sagt der Führer mitleidig und nimmt indessen das geliehene Käppchen von meinem Kopf. »Sie ist verrückt.«

Samstag, 1. Juli. Sabbat. Fleißig gearbeitet.

Sonntag, 2. Juli. Auf dem Flugplatz Lod, von dem aus ich abfliege, kam Eichmann vor einem Jahr aus Argentinien an. Dort hatte man ihn auf einem Rollstuhl an Bord gebracht: vermummt und betäubt. Zur Polizei sagte man, daß er ein reicher, unheilbar kranker Jude sei, der vor seinem Tod noch einmal das Land seiner Väter sehen wolle.

Während ich auf das Flugzeug warte, läßt dieses Bild mich nicht mehr los. Je tiefer es in mich eindringt, desto größer wird meine Rührung. Und schließlich denke ich an die Worte, die einst ein großer Rabbiner gesprochen hat: »Wer gegen Grausame versöhnlich gestimmt ist, wird zuletzt grausam gegen die Versöhnlichgesinnten werden.«

Über Schuldgefühl, Schuld und Wirklichkeit

13. 8. 1961

Inzwischen hat Hausner sein Kreuzverhör beendet, und Eichmann hat nach Punkten gewonnen. Er bewies als Angeklagter größeres Format denn Hausner als Ankläger. Es war auch eigentlich nicht die Absicht, daß letzterer in dieser Funktion auftreten sollte; doch der wesentlich fähigere Jurist, Shimron, der dafür vorgesehen war, verursachte einige Zeit vor Prozeßbeginn einen tödlichen Unfall, für den er verurteilt wurde – ein Pech, das ihn selbstverständlich ausschaltete. Ungeachtet der Tatsache, daß Hausner keine besondere Persönlichkeit, ein schlechter Taktiker und als Redner ein Reinfall ist, liegt sein Versagen in erster Linie an seinem fundamentalen Unverständnis. Seine Kenntnis des Nazitums hat er aus Büchern und durch Photos erworben; es ist bekannt, daß er tagelang im schrecklichsten Museum der Welt *Yad Vashem* verbrachte. Dort muß sich seine romantische Vorstellung der Nazis entwickelt haben: eine Bande wüster Gangster, die zügellos ihre bestialische Mordlust stillen. Der Prozeß wird nun auch ihn gelehrt haben, daß es eine dürre Gruppe gottvergessener Beamter war, die ihre gottvergessene Pflicht taten. Daß alles viel abstrakter und unbedeutender war. Er hat mir erzählt, daß er Eichmann zum ersten Mal im Gerichtssaal gesehen hat; der Anblick des farblosen Gasarbeiters muß ihn heftig überrascht haben, und niemandem ist der Widerspruch zwischen seinem apokalyptischen Vortrag und dem Schatten im Käfig entgangen. Sein Mangel an passenden Eigenschaften machte ihn außerdem zu dem einen, was er nicht hätte sein dürfen: zum Demagogen. Er beging den unverzeihlichen Fehler, zu viel beweisen zu wollen –

und was ich bei seiner Eröffnungsrede schon befürchtete, ist eingetreten: Eichmann ist in der öffentlichen Meinung doch irgendwie ein »tüchtiger Kerl« geworden und ein weniger großer Verbrecher, als man dachte. Wo ist die destillierte Schuld geblieben? Sie hat sich ins Nichts verflüchtigt.

Warum wollte denn Hausner beweisen, daß Eichmann »schlimmer als Hitler« war – wenn das in gewisser Weise auch zutrifft? Es kann ihm nicht genug Schuld geben, er begehrt die Schuld, er liebt die Schuld. Als ob derjenige, der bei einem Mord Schmiere steht, weniger schuldig sei als derjenige, der den Mord verübt. Wenn er hätte beweisen wollen, daß Eichmann am Massenmord mitschuldig war, so hätte er das Geständnis des Angeklagten besessen. Das hätte gereicht. Aber noch in seinem Strafantrag wiederholt er, daß Eichmann wie Hitler gewesen sei, und sagt: »Das Leiden derer, die umgebracht worden sind, muß Adolf Eichmann zu Füßen gelegt werden.« Doch das ist die Sprache des Baalspriesters! Es ist die regelrechte *Apotheose;* man verändere das unsichtbare Vorzeichen, und man hat die Worte Hitlers im August 1961, wenn er den Krieg gewonnen hätte – bei der Enthüllung von Eichmanns Denkmal auf dem Berg Zion. (Denn man kann sicher sein, daß solche Dinge dann geschehen wären.)

Eichmanns Schwitzen, das Verlieren seiner Selbstbeherrschung, seine Erschöpfung, die Landau veranlaßten, die Vormittagssitzungen zu streichen, das alles hat eher etwas hiermit zu tun als mit der Angst vor Hausners Fragen, die er natürlich Stück für Stück vorausgesehen hat. Man tat etwas mit ihm, auf das er überhaupt nicht gefaßt war; aus ihm wurde eine Mythe gemacht. Ich glaube nicht, daß dies bisher je in der Weltgeschichte bei jemandem, der es weniger war, geschehen ist. Keine Apotheose, keine Vergöttlichung wäre ihm angemessen gewesen, sondern eher die *Apocolocynthosis*, die Seneca einmal Kaiser Claudius widmete: die »Vergurkung«.

Hoffentlich wird indessen niemand meine Worte mit dem Ton verwechseln, den Klaus Eichmann kürzlich in den Vereinigten Staaten anschlug. Dieser Sohn einer Gurke erklärte, daß die Juden die ganze Schuld nur dem kleinen Oberstleutnant zuschoben, weil sie keine höheren Offiziere erwischt hatten; wenn sie seinen Vater nicht zu fassen gekriegt hätten, hätten sie einem Hauptmann die Schuld gegeben; und wenn sie keinen Hauptmann hätten schnappen können, so hätten sie einen Feldwebel genommen. Außerdem, fährt der Gurkerich fort, sei Hitler von hochstehenden Zionisten, die Märtyrer brauchten, zum Judenmord angestiftet worden. Hier sind wir wieder bei dem bereits 1938 erschienenen, verkannten Werk »Hitler, Créature et Instrument d'Israel, ou Esquisse du plan mondial gigantesque d'Israel pour faire son grand et dernier coup« angelangt.

Sowenig Respekt Eichmann auch vor Hausner hat, soviel Ehrfurcht hat er vor den Richtern – in derselben Reihenfolge, wie sie von seinem Käfig aus sitzen: Halevi, Landau, Raveh. Soweit ich es beobachten konnte, fürchtet er in Halevi eine Intelligenz, die seiner eigenen am verwandtesten ist: schlau, schweigsam, eine schwache Stelle mit einem Blick erkennend, ein phantastisches Gedächtnis, ein Gesicht wie eine Maske, aber mit rastlosen Augen. Gleichzeitig weiß er, daß er bei Halevi auf das meiste Verständnis stößt, was aus Fragen hervorgeht wie dieser, auf die natürlich keine Bestätigung erwartet wird: »Sie wollen sich bei Ihrer Familie ins beste Licht rücken. Dadurch könnte ein gewisser Abstand zwischen Ihnen und der Wahrheit geschaffen werden. Stimmt das?« Oder ein andernmal: »Sie können sicher sein, daß dieses Gericht weder Vorurteile noch Groll gegen Sie hegt. Auch wir – so wie Sie – versuchen die Wahrheit zu entdecken. Doch von Ihnen erfordert das großen moralischen Mut. Ich bin nicht gewiß, ob Sie bereit sind, Ihre persönliche Sicherheit an zweite Stelle zu setzen, um die Wahrheit in ihrem vollen Umfang zu entdecken.«

Halevi hat niemals Ungeduld verraten, was von Raveh nicht behauptet werden kann. Er ist eine Art Onkel, der dann und wann seinen zur Schlaffheit neigenden Körper über die Armlehne seines Sessels wirft und fragt, was der Angeklagte eigentlich mit seiner philosophischen Bemerkung über Kant meine, und sich seufzend die SS-Antwort anhört. Und in der Mitte sitzt der gar nicht genug zu preisende Landau, der ein gerechtes Urteil fällen wird. Der aufmerksam zuhört, wenn Eichmann sich als 'gespalten' bezeichnet und erläutert, daß dies ein Mensch sei, der gewissermaßen in einen anderen entwichen ist: eine Flucht aus jenem Teil des Charakters, der vom Gewissen gelenkt wird, zu der an die Pflicht gebundenen Persönlichkeit. Dann nickt Landau ernst und macht eine Notiz. Als ob es eine Rolle spiele.

In Abwartung von Servatius' Plädoyer, wodurch die Sitzung

einige Zeit verschoben wird, möchte ich versuchen, einige Gedanken, mit denen ich seit Anfang der Reportage herumlaufe, zu umschreiben. Am 21. April nannte ich den Prozeß eine kunstvolle Schöpfung: ein genauso unsichtbares wie unwiderrufliches Etwas, das der Richter allmählich durch das herbeigebrachte Material aufbaut und das den Mann unter seiner Glasglocke schließlich sterben oder sein Leben lang hinter Gittern sitzen läßt.

Doch gerade das ist natürlich das Gegenteil eines künstlerischen Werkes – auch wenn es sich hier auf der Bühne abspielt. Denn es ist nicht verbindlich und unabänderlich. Es ist nicht die Ausdrucksform eines einzigen Menschen, sondern das Werk der Wirklichkeit, die dem Menschen zugrunde liegt. Wenn der Mann im Käfig schließlich sterben muß, so geschieht es mit der Macht und Unabwendbarkeit eines Naturgesetzes. Mord ist noch die Ausdrucksform eines Menschen: Mord ist noch 'künstlerisch', ein Todesurteil ist Wirklichkeit. Das Denken, mit dem diese Wirklichkeit arbeitet, irritiert mich maßlos. Was geht in dem fast kahlen, gutaussehenden Kopf von Moshe Landau vor? Sein Werk hat weniger etwas mit einem Kunstwerk zu tun als etwa mit einem Rad oder Morseapparat, die auch keine Ausdrucksformen eines menschlichen Geistes sind, sondern Möglichkeiten der Natur. Wer ist Landau? Fällt es ins Gewicht, wer er ist? Er ist da. Sein Platz kann von einem anderen eingenommen werden. Darin unterscheidet er sich nicht von einem Künstler. Was er ist, ist er durch den Platz, den er innehat, der nicht er selber, sondern die anderen ist: wir. Dieser Platz ist die Wirklichkeit – und das Denken ist nicht künstlerisch, sondern juristisch. Und nun findet das verblüffende Tischrücken statt: Jenes Denken hat Gewalt über die Wirklichkeit, ja, *ist* die Wirklichkeit. Das finde ich okkulter als eine telekinetische Séance oder Fernsehen. Wenn Eichmann von Landau zum Tode verurteilt wird, ist es nicht Landau, der ihn verurteilt, sondern die Wirklichkeit, wir, Eichmann selbst. Der Auftrag der Wirklichkeit, den Landau ausführt, ist das Gegenteil eines 'Befehls', den ein einziger Mensch gibt. Wenn Landau Eichmann töten läßt – und man hört bereits, daß es so nicht formuliert werden kann –, so ist er an dessen Tod nicht schuldig. Nicht einmal, wenn sich später Eichmanns Unschuld erweisen würde. Landau braucht seine Tat nicht 'künstlerisch' zu signieren wie ein Mörder, denn es ist nicht seine Tat. Die Verantwortlichkeit wird von dem Platz getragen, den er innehat, das heißt nochmals: von der Wirklichkeit, von uns, von Eichmann selbst. (Der Henker ist ein widerliches Zwitterwesen zwischen Bild und Wirklichkeit, mit dem man nicht verkehrt.)

Ihm gegenüber steht der Henkersknecht Eichmann, der kein Urteil vollzog, der nicht im Auftrag der Wirklichkeit tötete, sondern auf den 'Befehl' eines einzigen Menschen hin, und zwar, wie er behauptet, gegen seinen Willen. Auch er fühlt sich nicht schuldig, er *ist* schuldig. (Obgleich verkündet wurde, daß ein »Führerbefehl Gesetzeskraft« hatte.) Somit ist er der genaue Gegensatz zu dem unschuldigen Irren, der sich schuldig fühlt, obwohl er *nicht* gemordet hat, sondern es nur tun wollte. Wir möchten Eichmann nicht Mangel an Schuldgefühl vorwerfen. Schuldgefühl gehört nicht zur Wirklichkeit. Laut Psychologen wurden in den Konzentrationslagern nur diejenigen wahnsinnig, für die der Anblick der Greuel die Erfüllung unbewußter Wünsche bedeutete. Wenn sich diese Behauptung auch nicht umkehren läßt, so steht doch fest, daß Eichmann nicht wahnsinnig ist.

Dasselbe juristische, 'telekinetische' Denken, auf dem der Prozeß beruht, offenbart sich im Staat Israel. Oder muß ich sagen: in der Politik? Dann freilich nicht in der Politik des Dritten Reiches, das als Ausdrucksform eines menschlichen Willens 'künstlerisch' war und nicht die Wirklichkeit: Innerhalb weniger Jahre zerrann sie wie Wasser zwischen Hitlers Händen. Man könnte Lincoln und Lenin anführen, aber am deutlichsten ist es beim Staat Israel, der mit nichts begann, nicht einmal mit einem Stück Land oder so etwas wie einer Bevölkerung. Sondern nur mit einigen Gedanken im Kopf von Theodor Herzl. Heute haben sie sich in funkelnagelneue Städte, Häfen, Straßen, fruchtbar gemachte Einöden und gut zwei Millionen Menschen verwandelt; es muß jedem Besucher Israels auffallen, wie sehr alle Aspekte seines Vorhandenseins Kontur, Substanz und Härte besitzen. Alles, was geschieht, *ist* etwas, ist unwiderruflich und beeinflußt das Weltgeschehen – und es hat nichts von dem amorphen Brei an sich, der die Niederlande und noch ein paar andere inexistente Länder kennzeichnet. Übrigens wird auch Israel eines Tages sein »Goldenes Zeitalter« verlassen und seine Ideale verwirklichen, was zum Versanden des Zugangs zur Wirklichkeit führt. Der Sand heißt: Wohlstand, Zufriedenheit. Das Ideal der Menschheit ist nun einmal das Doppelkinn. Aber ausschließlich Faschisten verlangen dann nach »neuer Dynamik«. Ohne Notwendigkeit in der Wirklichkeit, nur als Ausdrucksform eines Verlangens, läuft es auf eine Art *'face lifting'* hinaus – und das Ergebnis davon kennen wir jetzt: völlige Versteinerung, abgesehen von einer einzigen Bewegung, den Deportationszügen.

In anderer Hinsicht lasse ich mich weniger von Hitler einschüchtern. Es ist kein Zufall, daß es gerade die Juden sind, die mit leeren Händen einen Staat erschaffen. Beduinen oder Zigeuner tun das nicht. Juden stehen von alters her in 'juristisch-telekinetischem' Verhältnis zur Wirklichkeit. Vielsagend genug ist auch das juristische Verhältnis zu ihrem Gott, das durch Gesetz und Vorschriften geregelt wird: durch Moses und den Talmud. Niemals 'gehen' sie in ihrem Gott 'auf'; sie stehen nicht in Kontakt mir Gott, sondern in Kontrakt mit Gott. Ihr größter Philosoph, Spinoza, philosophierte in Form von Postulaten, Behauptungen und Beweisen. Dieser spezifisch unmystische jüdische Geist hat noch kürzlich drei Genien hervorgebracht, die nacheinander Gesellschaft, Natur und Mensch durch ihre Gesetze verändert haben: Marx, Einstein und Freud. Das gemeinsame Kennzeichen all dieser jüdischen 'Gesetzgeber' ist, daß sie mit ihrem *Verstand* weiter vordringen, als es für möglich gehalten wurde: zu Gebieten, die vor ihrem Erscheinen eben zur 'Mystik' gehörten. Was der mathematische Gegensatz zu der Bewegung von Hitlers Geist ist.

Über gesunden Menschenverstand, Christen und Thomas Mann

20. 8. 1961

Beendigen Sie die Prozedur, klappen Sie die Akten zu und betrachten Sie diesen Fall als erledigt: Mit diesem Rat schloß Servatius vorige Woche sein Plädoyer, wobei er seine Pflicht erfüllte, indem er sämtliche Punkte der Anklage bestritt. Erwartet er viel davon? Bekannt ist, daß Eichmann während seiner Untersuchungshaft auf einen Prozeß für Historiker und einige Jahre Gefängnisstrafe rechnete; Servatius war der erste, der ihm zum Bewußtsein brachte, daß er auf einen Riesenprozeß vor dem Forum der Welt gefaßt sein müsse, der vermutlich mit einer Todesstrafe enden würde – worauf Eichmann seinen ersten Zusammenbruch erlitt. Als einer der Richter den dicken Rheinländer fragte, was seiner Meinung nach mit Eichmann geschehen solle, wenn man das erwünschte »salomonische Urteil« fälle, antwortete Servatius lachend, daß man ihn mit einer Rakete auf den Mond schießen müsse. Dann packte er seine Koffer und reiste am nächsten Tag nach Deutschland, ohne mit Eichmann gesprochen zu haben.

Offensichtlich haben sie Streit – was immerhin für Servatius sprechen kann. Er hat seine Aufgabe ordentlich erfüllt. Hausner bezichtigte er hitlerischer Methoden: jemanden ohne Beweise zum Verbrecher zu stempeln. Für den deutschen Verteidiger eines Gestapooffiziers geht das vielleicht zu weit; aber ich bin ganz seiner Meinung, wenn er sagt, daß die anderen Nazis durch Hausners Einstellung lächerlich entlastet würden, daß sie ruhig aus ihrem Versteck hervorkommen könnten, da der Hauptschuldige gefunden sei: Adolf Eichmann. Er hat auch recht, wenn er feststellt, daß Hitler, Himmler und Heydrich nach Hausners Ausführungen in einem günstigerem Licht erscheinen.

Ferner diese Äußerung: »Was den Juden im besetzten Europa zugefügt wurde, ist nicht dem Herzen menschlicher Wesen entsprungen. Es ist das Ergebnis politischer Überlegungen in den Hirnen der Führer.« Ich möchte bemerken: in allen Körperteilen, *außer* dem Gehirn; und jeglicher Art, *außer* der Politik. Er fuhr fort, daß die Staatsoberhäupter verantwortlich seien, daß sie es in der Vergangenheit getan haben und wahrscheinlich in Zukunft wieder tun werden. Daraufhin unterbrach ihn Landau: »Sie waren in Ihrem letzten Satz zu pessimistisch, Dr. Servatius.« Woraufhin Servatius meinte: »Ich hoffe, daß Sie recht haben, Herr Präsident.«

Und nachdem er 398 Stunden in seiner Kapsel gesessen hatte, verschwand Eichmann in der Wand, um vermutlich nur zur Urteilsverkündung zu erscheinen, die vielleicht Monate auf sich warten läßt. Ist seine Seele in Bewegung gesetzt worden? Sitzt dennoch ein Mensch in der Maschine – wie vor zweihundert Jahren in der verblüffenden Schachmaschine des Freiherrn von Kempelen? Wer Eichmann in den letzten Wochen auf dem Bildschirm gesehen hat, weiß, daß er in das Gesicht eines Mannes geblickt hat, der fast wahnsinnig geworden ist. Augen, Mund, ja das ganze Gesicht sind dauernd in zitternder, zuckender Bewegung, aber niemals bildet sich ein 'Ausdruck', jede Bewegung an sich ist sinnlos, keine hat etwas mit einer anderen zu tun: der Mann ist in tausend Stücke zerschlagen. Es wird durch die völlige Ratlosigkeit des übrigen Körpers unterstrichen. Das vollzieht sich an einem Menschen, der zum Teufel erhöht wird. Das Gesicht verzerrt sich, nicht, weil ihm endlich die Abscheulichkeit seiner Taten aufgeht, sondern weil ihm nichts aufgeht. Dieser Mann ist wirklich bestraft. Ich kann nicht sagen, daß er es nicht verdient, aber ebensowenig, daß es mich freut. In erster Linie ist es gräßlich.

Während wir auf das Urteil warten, können wir in aller Ruhe über die von Servatius an die Juden gerichtete drohende Warnung nachdenken: »... und werden es in Zukunft wahrscheinlich wieder tun.« Von welchem Optimismus aus fand Landau dies pessimistisch? Vor zwanzig Jahren wurden solche Dinge ebenfalls für unmöglich gehalten; was damals geschah, kann nochmals geschehen; auch der Erste Weltkrieg war kein Grund für den Zweiten, zu unterbleiben. Landaus Optimismus entspringt deshalb nicht dem Glauben an den Fortschritt der menschlichen Seele, sondern aus dem Dasein des Staates Israel. Dort verwandeln sich Juden in Israelis, in ein Volk unter Völkern, so daß sich der Antisemitismus in politische Aggression verändert, die mit Tanks und Bombenwerfen erwidert werden muß. Die Juden außerhalb Israels haben nicht den Segen des Staatsoberhauptes. Aus ziemlich verständlichen Gründen hat er ihnen kürzlich das Recht abgesprochen, sich weiterhin in Amerika oder den Niederlanden 'Zionisten' zu nennen. Seit der Existenz des Staates ist ein diskriminierter Jude nicht mehr tragisch, sondern dumm: Wer nicht nach Israel kommen möchte, sollte sich möglichst schnell assimilieren und unsichtbar werden. Das ist die öffentliche Meinung in Israel. Neben vielem anderen ist der Prozeß Eichmann auch die definitive Trennungslinie zwischen Juden und Israelis. Letztere haben ein für allemal den himmelweiten Unterschied aufgezeigt: Macht und Recht wehrloser Abschlachtung gegenüber.

Aber ob es die Juden oder andere betrifft – was sollen wir tun, wenn wiederum diesem oder jenem Landschaftsmaler offenbart wird, daß eine bestimmte Menschengruppe sterben muß? Was können wir dem entgegenhalten? Wie schützen wir uns? Womit bewaffnen wir uns?

Große Fragen, auf die nur kleine Antworten erfolgen – wenn überhaupt. Man beschäftigt sich mit einem dritten Weltkrieg, was Politik ist, und nicht mit der Möglichkeit einer neuen Opferung hier, dort oder sonstwo, denn nichts weist ja darauf hin. Aber eben das ist das Kennzeichen der Offenbarung: sie hat keine Geschichte. Sie ist plötzlich da: ein Gast aus einer anderen Welt. Vielleicht kommt sie erst in tausend Jahren, vielleicht auch morgen, wie die Null beim Roulette. Was tun wir dann? Wie können wir uns vor uns selber schützen, wenn sie wieder die Gestalt eines Menschen annimmt – der natürlich nicht Hitler gleichen, sondern kahlköpfig, langbärtig sein und eine leise väterliche Stimme haben wird? Oder jung und gesund mit hinreißendem, hellem Blick? Werden, wenn er im Kreml erscheint, die Russen die Kapitalisten vergessen und ihm *mit* ihnen zu Leibe rücken? Werden, wenn er im Weißen Haus erscheint, die Amerikaner und wir die Kommunisten vergessen, um ihn *mit* ihnen zu vernichten?

Das glaube ich nicht. Er wird seine eigenen Leute vom Scheitel bis zur Sohle verführen, wie Hitler es tat, und zwar nicht nur den Kopf, wie der Marxismus, oder nur den Magen, wie der Kapitalismus. Man wird an ihn glauben, wie man an einen Gott glaubt, und man wird Seite an Seite mit seinen Opfern sterben wollen in dem Gefühl, endlich zu *leben.* Bei der Politik als Vorwand wird es wieder sein:

Beilalter, Schwertalter,
Schilde krachen,
Windzeit, Wolfszeit,
Eh die Welt zerstürzt,

wie die Edda singt. Denn nichts hat sich geändert.

Ich spreche ausdrücklich nicht von Politik, nicht von Krieg, nicht von Feindvernichtung, sondern über das offenbarte, willkürliche Zuschlagen der Faust, so wie die Deutschen die Juden ausrotteten und wie die Papuas auf Neuguinea Zwillinge töten – über die Faust also, die vor allem auch im eigenen Lager zuschlägt. Die Erziehung, wie sie augenblicklich überall auf der Welt gegeben wird, enthält kaum eine Garantie dagegen. Weder die Familie noch die Schule oder irgendeine andere Institution ist imstande, einen genügend hohen Schutzwall gegen die Barbarei zu bauen. Eine strenge Erziehung wie die deutsche, einseitig auf Wissen und Gehorsam ausgerichtet, schien sie sogar zu fördern. Was das Wissen betrifft: Die meisten Mitglieder von Eichmanns Stab waren Juristen, nach Heydrichs Tod war auch der Leiter der Gestapo, Dr. Kaltenbrunner, ein Jurist. Eichmanns nächster Mitarbeiter, der Jurist Dr. Wisliceny, fiel während des Krieges den Juden durch seinen schnellen, klaren Verstand auf, ebenso wie nach dem Krieg seinen Richtern. Der junge Jurist Dr. Otto Ohlendorf, der als Leiter der Einsatzgruppe D für 90 000 Tote verantwortlich ist, wird als außergewöhnlich intelligent und sehr gebildet beschrieben.

Gegen die Offenbarung enthält der Verstand keine Garantie – nicht einmal seine holländische Abart: der 'gesunde' Menschenverstand. Ein geistreicher Kenner des niederländischen Volkscharakters, Bomans, hat kürzlich auf die unzähligen Ausdrücke hingewiesen, über die unsere Sprache verfügt, um kundzutun, daß man etwas nicht tun möchte, daß man nicht begeistert ist. Wenn die Intelligentsia dieses nüchternen Handelsvolkes zu denken anfängt, so läuft es meistens auf »Ohne mich«, »Ich hüte mich schön«, »Vergiß es lieber« und »Wie konnte ich nur so verrückt sein« hinaus. Auch gegen die totalitäre Barbarei wird dieses karge Rezept als ausreichendes Mittel angepriesen – als ob der Großmeister dieses Denkens, Menno ter Braak, niemals über »den minimalen Wert des Intellekts bei Intellektuellen« geschrieben und 1940 Selbstmord begangen habe. Das Denken seiner Schüler geht im allgemeinen nicht weiter als bis zum Gedanken, daß man denken muß; und wenn man untersucht, was sie schließlich der totalitären Barbarei entgegenzusetzen gedenken, dann stößt man auf den kollektiven Selbstmord.

Denn leider wendet sich die Offenbarung nicht an den Verstand. Während man noch mit den Armen über dem Kopf redet, hat man bereits den tödlichen Schlag unter dem Gürtel erhalten. Darum erscheint mir die englische Erziehung zuverlässiger als die deutsche oder niederländische; sie legt nicht an erster Stelle Wert auf Gehorsam, Wissen oder Verstand, sondern auf das Anerziehen allerlei kleiner Lebensregeln, Manieren, Gewohnheiten und Mienen, deren Resultat zwar Engländer, aber immerhin keine Barbaren sind.

Vielleicht ist es übrigens nicht die Aufgabe der Erziehung, Schutzwälle gegen blutige Offenbarungen zu errichten. Das ist eher die Aufgabe einer anderen Offenbarung. Welcher? Eine moralische wie die christliche hat sich bei kleinen Gruppen von Protestanten und Katholiken hübsch bewährt, doch sich im großen und ganzen als wertlos erwiesen. Ihre grundsätzliche Unbrauchbarkeit enthüllt sich kraß in Aussagen von Rudolf Höß über die Zeugen Jehovas. Als sie ihr Todesurteil erfuhren, »gerieten sie außer Rand und Band vor Freude und Entzückung, sie konnten gar nicht abwarten, bis die Zeit der Exekution heran war. Immer wieder rangen sie die Hände, schauten verzückt nach oben und riefen ununterbrochen: „Bald sind wir bei Jehova, welch ein Glück, daß wir dazu auserwählt sind." Sie hatten schon einige Tage vorher einer Exekution ihrer Glaubensbrüder beigewohnt, wo sie kaum zu halten waren. Sie wollten immerzu ebenfalls erschossen werden. Diese Besessenheit war kaum mehr anzusehen.... Nun, zu ihrer Exekution liefen sie beinahe im Trab. Sie wollten auf keinen Fall gefesselt sein, um ja die Hände zu Jehova erheben zu können. Mit einer Verklärung und Entzückung standen sie vor der Holzwand des Kugelfangs, die nichts mehr Menschliches an sich hatte. So stellte ich mir die ersten christlichen Märtyrer vor, wie sie in der Arena auf das Zerrissenwerden durch wilde Bestien warteten. Mit völlig verklärtem Gesicht, die Augen nach oben gerichtet, die Hände zum Gebet gefaltet und erhoben gingen sie in den Tod. Alle, die dies Sterben sahen, waren ergriffen, selbst das Exekutionskommando war ergriffen.«

In dieser authentischen Form enthüllt das Christentum seine Unbrauchbarkeit als Abwehrwaffe. Christen sind in letzter Instanz froh über ihren Tod, auch wenn er in Gestalt der Nazis erscheint. Höß kann mitteilen, daß Himmler den Fanatismus der Zeugen Jehovas zahllose Male der SS als Vorbild hingestellt hat. Christen, die anders sind als die von Höß beschriebenen, sind dem Wesen nach keine Christen und deshalb auch größtenteils mitgelaufen. Dasselbe gilt für die Marxisten, die nur im *Kopf* ein Abwehrmittel besaßen.

So sieht die Landschaft aus – und wir stehen wehrlos darin. Unsere nationale Entrüstung hat uns diesmal vor dem Schlimmsten bewahrt – womit ich allerdings unsere erbärmliche Haltung im Krieg nicht 'beschönigen' will; wenn die Offenbarung das nächste Mal in unserer Mitte erscheint, wird es uns nicht besser ergehen als den Deutschen. Ich glaube, daß man sich darüber keine Illusionen zu machen braucht.

In Ermangelung einer wirksamen 'Gegenoffenbarung' wird der Rest von allerlei Elite-Auffassungen geformt, die natürlich nichts gegen die Massen ausrichten können, die zum Preis leicht einiger Hände gern ihre Freiheit *mit* ihrer Einsamkeit beim Träger der Offenbarung abliefern. Ter Braak empfahl den europäischen Intellektuellen eine niederländische Variante der englischen Regel *'muddling through'*, das *'schipperen'*: das 'Sichdurchwursteln', eine Einheit durch Opportunismus – »die einzige Einheit, die für unsere Kultur als *ultima ratio* noch möglich ist, ohne Romantik, ohne 'Gleichschaltung' und ohne Gewalt.« Sein Wunsch ging in Erfüllung.

Streitbarer rückt dem Thomas Mann zu Leibe. Er begriff, daß man sich nicht kühl und vernünftig von Gebieten distanzieren darf, von woher die Gefahr droht, sondern gerade *Verbindung* mit den Regionen unter dem Gürtel, mit der Nacht, mit der 'Mythe' aufnehmen muß. In Deutschland mit Schmach überschüttet und ausgebürgert – obwohl kein Jude –, von einem Land ins andere schweifend, spricht er diesen Gedanken am deutlichsten in seinem Briefwechsel mit dem ungarisch-schweizerischen Religionswissenschaftler Karl Kerényi aus. [Hier folgt ein Zitat von Thomas Mann, mit dem der Autor erklären möchte, warum er auch in der holländischen Originalausgabe nie ein deutsches Zitat – etwa von Eichmann oder Höß – übersetzt hat: »Das Geheimnis der Sprache ist groß; die Verantwortlichkeit für sie und ihre Reinheit ist symbolischer und geistiger Art, sie hat keineswegs nur künstlerischen, sondern allgemein moralischen Sinn, sie ist die Verantwortlichkeit selbst, menschliche Verantwortlichkeit schlechthin, auch die Verantwortung für das eigene Volk, die Reinhaltung seines Bildes vorm Angesicht der Menschheit... «]

Anfang 1941 schreibt Mann aus Princeton: »Für mein Teil habe ich mich gefreut, zu sehen, wie eifrig und angeregt ich noch lesen kann, wenn ich wirklich in meinem Elemente bin, – und was sollte mein Element derzeit wohl sein als Mythos plus Psychologie. Längst bin ich ein leidenschaftlicher Freund dieser Combination; denn tatsächlich ist Psychologie das Mittel, den Mythos den faschistischen Dunkelmännern aus den Händen zu nehmen und ihn ins Humane 'umzufunktionieren'. Diese Verbindung repräsentiert mir geradezu die Welt der Zukunft, ein Menschentum, das gesegnet ist vom Geiste herab und »aus der Tiefe, die unten liegt«.«

(Selbstverständlich meint er mit *Psychologie* nicht die faule Denkart des raschen 'Erklärens', zu der sie geworden ist, seit Freud Journalisten, Krankenschwestern und Amerikanern in die Hände fiel, – er meint eine Taucherglocke, mit der man zu den Ungeheuern hinabsteigt.)

Dieser nach-bürgerliche Ton steht ziemlich allein da; aber er ist angeschlagen worden und kann sich vielleicht als fruchtbar erweisen. Jedenfalls ist Mann der einzige gewesen, der *nach* dem Greuel ein gültiges Bild von ihm gegeben hat; sein »Doktor Faustus« ist das einzige Buch, das zum Kern des Nazigeschehens vorstieß: In einer Tradition, die über Goethe zu Luther, ja zum Mittelalter zurückgeht, während Nietzsche dem Leben der Hauptstadt Modell gestanden hat. Mann-Liebhaber, die über seine Anwendung von 'Leitmotiven' in seinem ganzen Werk auf dem laufenden sind, müssen einmal auf die Übereinstimmung zwischen Leverkühns Zusammenbruch, seinem Sturz vom Klavierhocker, und dem Tod des Hypnotiseurs Cipolla *(Coppelius?)* in »Mario und der Zauberer« achten, einer Erzählung aus dem Jahre 1930, die sich laut ihres Autors mit der »Psychologie des Faschismus« befaßt.

Wer weiß, vielleicht werden wir eines Tages etwas finden, das die Hypnose einer Mordoffenbarung unwirksam macht. Aber auch dann noch! Was fangen wir mit den Eichmanns an, die nie hypnotisiert waren? Was fangen wir mit den Maschinen an?

Eine Erwägung in Warschau

23. 9. 1961

Eichmanns Spuren führen schließlich zum Endpunkt seiner Deportationszüge, zur Stätte des Verbrechens. Doch ehe ich dorthin gehe – mit der erbärmlichen Sicherheit, zurückzukehren –, möchte ich hier in Warschau einen Blick über die Schulter auf die sechzehn bisherigen Artikel dieser Reportage werfen.

Der Abend hat sich gesenkt. Im Fenster meines Zimmers auf dem neunten Stock des Grand Hotels liegt die halbe Stadt; den Ton des Fernsehgerätes habe ich abgeschaltet, auf dem Bildschirm bricht eine Barke in einem stummen Orkan. Über die Weichselbrücke in der Ferne fließt ein ununterbrochener Verkehrsstrom. Dort unten bin ich gewesen. Ich habe die Stadt besichtigt: die Altstadt, den Markt aus dem 15. Jahrhundert, das Nowy Swiat aus dem 16. Jahrhundert, das 17. Jahrhundert, das 18. Jahrhundert, die Marszalkowska aus dem 19. Jahrhundert ... Erst nach zweitägigem Herumstreifen drang es allmählich zu mir durch, daß alle Jahrhunderte, alle Straßen in Warschau aus der zweiten Hälfte des 20. Jahrhunderts stammen.

Nach dem Krieg war die Stadt beinahe hundertprozentig zerstört gewesen. Es geschah in drei Etappen. 1939 schlug Hitler als erster zu Land und aus der Luft drauflos. »In Stahl und Panzern schien der kategorische, der preußische Imperativ sich verkörpert zu haben, diese eherne Sachlichkeit, die zu den wesentlichen Tugenden unseres Volkes gehört«, schrieb Egon Holthusen durchaus im nazi-kantianischen Geiste Eichmanns (»Aufzeichnungen aus dem polnischen Kriege«; momentan ist er Institutsleiter des Goethe House in New York). Mit blankem Säbel kämpfte die polnische Kavallerie gegen die deutsche Philosophie. Auf der Hälfte dieses Todeskampfes nahm auch die marxistische Dialektik plötzlich Gestalt in Stahl und Panzern an und fiel auf Grund einer Geheimklausel des Hitler-Stalin-Pakts Polen in den Rücken. Zwei solche Nachbarn! Wir haben die Deutschen und das Meer, doch die Polen die Deutschen und die Russen. Wie wir aus der Geschichte wissen, wird ihr Land auf der Karte hin und her gezerrt, jetzt existierte es sogar überhaupt nicht mehr, Stalin und Hitler hatten es unter sich aufgeteilt, und wenn letzterer seinen Willen durchgesetzt hätte, so wären alle Polen ausgerottet worden, dann das gesamte niederländische Volk dorthin verschleppt worden, um das Land für die Deutschen zu bebauen, die dann in Scheveningen hätten baden können.

Angegriffen, verraten, rücklings überfallen, aufgelöst – aber Polen gab sich nicht geschlagen! 1943 lehnte sich das Ghetto von Warschau auf – der erste Aufstand seit dem von Bar Kochba gegen Hadrian und die moralische Grundlage des Staates Israel. SS-General Jürgen Stroop sprengte das Ghetto Haus für Haus in die Luft und schickte Himmler einen handschriftlichen Bericht über diese Expedition: Wer nicht gefallen oder verbrannt war, wurde vergast. Zum zweitenmal war ein riesiger Stadtteil verschwunden. Aber Polen gab sich nicht geschlagen. Ein Jahr später lehnte sich die gesamte Bevölkerung von Warschau auf, Kinder machten Granaten, Frauen bedienten Mörser ... zwei Monate danach war der Rest der Stadt zerstört, zweihundertfünfzigtausend Warschauer wurden in Konzentrationslager gebracht.

Und immer noch nicht gab sich Polen geschlagen. Völlig verheert, besann sich dieses Land nach dem Krieg mit sechs Millionen Toten, drei Millionen toter Juden, auf sich selber. Und dieses unfaßbar heldenhafte Volk – das noch 1956 einen wütenden Chruschtschow stundenlang in einem Flugzeug über Warschau antichambrieren ließ und währenddessen einen von der stalinistischen Geheimpolizei Gefolterten aus dem Gefängnis holte und ihn zu seinem Führer ausrief: Gomulka –, dieses unfaßbar heldenhafte Volk, das sich *innerhalb* des Ostblocks freier gemacht hat, als es den Jugoslawen außerhalb gelungen ist, und wo Parteisekretäre von westeuropäischen Kommunisten mit den Worten begrüßt werden: »So, ihr gehört also dieser Verräterpartei an« – dieses unfaßbar heldenhafte Volk, das weiß, daß es Deutschen gegenüber gewalttätig und Russen gegenüber listig sein muß, und nicht, wie die Ungarn, umgekehrt – dieses Volk *verleugnet* den

Krieg.

Es hat sich geweigert, aus Warschau eine moderne Stadt zu machen, wie wir es mit Rotterdam getan haben; es durfte sogar, indem es funkelnagelneu erstand, kein umgekehrtes Monument für die Deutschen werden, keinesfalls durfte eine Erinnerung daran zurückbleiben: Die Stadt wurde Stein für Stein wieder so errichtet, wie sie 1939 war. Das 15., das 16., das 17. und das 18. Jahrhundert ... Diese nahtlose Verleugnung von sechs Jahren Zyklon-B-Philosophen besitzt etwas Bestürzendes für denjenigen, der nach Warschau geht. »Und diese Straße?« – »Die auch.« – »Und dieser Platz?« – »Der auch.« Nur was ich für das 19. Jahrhundert gehalten hatte, entpuppte sich als Stalins neoklassischer, zum Glück längst abgelegter Unstil.

Und ich bin auch in einem ausgedehnten Stadtteil gewesen, in dem einige neo-pompöse Mietskasernen standen, aber sonst zahllose helle, strenge, durch viel Licht und Platz getrennte Etagenhäuser. Nur eine noch zu restaurierende Palastruine – davor Kopfsteinpflaster, in dem einige Meter verrostete Trambahnschienen eine Kurve um etwas Unkraut machten – erinnerte daran, daß hier einst das Ghetto war. Auf jenem Kopfsteinpflaster, das als einziges die Vergangenheit und die Schritte der Ermordeten bewahrt, schaute ich mich nach der reingewaschenen Stille um, die überall auf Erden das Kennzeichen unserer neuen, nachhitlerischen Welt ist. Sie war nicht weniger unheilverkündend als in den neuen Vierteln von Amsterdam – und ich fühlte wieder, daß ich mich mit *Geschichte* befasse. Dieses Gefühl hatte ich noch nicht, als ich in Jerusalem Eichmann betrachtete, noch nicht, als ich vor einigen Monaten durch das Brandenburger Tor Ost-Berlin betrat; es stellte sich erst ein, als ich vor drei Tagen nur mit der U-Bahn Ost-Berlin erreichen konnte, denn überall waren Mauern errichtet worden, und die Gewehrmündungen waren gegeneinander gerichtet. Durch die verlassenen Straßen fuhr ein offener Lastwagen, auf dem Jungen mit flatternden Fahnen Parolen brüllten; etwas später fuhren fünf, sechs schnelle Panzerwagen mit unbeweglichen Jungen hinter schweren Maschinengewehren vorbei; danach überquerte eine Gruppe fünf- bis zehnjähriger Kinder mit flatternden Fahnen und in Uniform die Straße. Sonst keine Passanten. Ein Junge in blauer Uniform saß auf einer Bank und las in der Sonne. Die Sonne schien.

Eichmann ist endgültig Geschichte geworden. Was reden wir

davon! Menschen bedrohen Menschen mit einer Vernichtung, neben der der Judenmord zur Bagatelle werden wird, zur Erinnerung an die gute alte Zeit. Und kein Amerikaner oder Russe wird sich, wenn der Befehl eintrifft, weigern, Bomben in das weiche Fleisch ganzer Völker zu werfen – ebensowenig wie sich Eichmann weigerte. Was können wir eigentlich gegen Eichmann vorbringen? Wir, die wir sogar Ungeborene bedrohen: und jener Krieg gegen unsere Nachkommen findet schon seit sechzehn Jahren statt! Aber so etwas kann nicht mehr 'Krieg' genannt werden, sondern nur noch *Verfluchung.* Hier verflucht der Mensch sich selber, seine eigenen Kindeskinder, hieraus spricht ein so grundlegender Haß, daß wir befürchten müssen, den Menschen immer noch überschätzt zu haben. Die Russen können sagen, was sie wollen; die Amerikaner können sagen, was sie wollen; jeder kann sagen, was er will. Wenn das Unwiderrufliche geschieht, haben nicht 'sie' es getan, sondern immer wir: *wir Menschen.* Wenn wir an uns selber denken, so starren wir in eine Kloake, in die Dante nicht einmal an der Hand von tausend Dichtern hinabgestiegen wäre.

Aber ich muß von Eichmann sprechen, denn das ist verabredet worden. Die Kritik an meinen Artikeln, die mich am meisten fesselt, bezieht sich auf deren 'Ton'. Es ist die Kritik von Freunden; die andere ist für die anderen. Ich würde mich zuviel mit dem Thema gleichsetzen, mit dem Angeklagten nicht weniger als mit seinen Opfern. Meine Reise zu seinem Berliner Büro habe das Wesen einer Pilgerfahrt. Und was habe ich jetzt schon wieder in Auschwitz zu suchen?

Ich möchte gern einen Zeugen aufrufen. Als Denis de Rougement von Deutschland nach Paris zurückkehrte, schrieb er im März 1936 in seinem »Journal d'Allemagne«: »Wenn ich versuche, den Sinn, den mir 'ihr' Geheimnis offenbart hat, ihnen wiederzugeben, so sagt man mir, ich sei Hitlerianer. Das liegt daran, daß die Menschen unserer Zeit nicht mehr an das Urteil des Geistes, sondern nur noch an das Erschaudern ihrer Eingeweide glauben. Gibt man ihnen eine Beschreibung eines von einem Maschinengewehr in einer Menschengruppe angerichteten Massenmords, so werden sie, weit davon entfernt, sich zu empören, um mehr Einzelheiten bitten. Während sie mich nach sich selbst beurteilen, können sie sich keinen Augenblick lang vorstellen, daß ich all das, was ich so intensiv erlebte und ihnen berichtete, nicht liebe, wie sie es bereits lieben.« Und – als zweiten Zeugen – Thomas Mann: 1938 schrieb er einen vortrefflichen Aufsatz unter dem Titel »Bruder Hitler«, in dem er alle typischen Künstlereigenschaften in Hitler erkannte, freilich auf Schurkenniveau ... »eine reichlich peinliche Verwandtschaft«.

Natürlich ist jener Ton nach Auschwitz noch wesentlich 'peinlicher' geworden als in den dreißiger Jahren – aber ist er deshalb falsch? Es ist der Ton derjenigen, die Auschwitz nicht überraschte, derjenigen, die recht hatten. Es ist der gute Ton. Außerdem bin ich weder Jurist noch Journalist, ich bin Schriftsteller, der einzige, der sich in dem Ausmaß mit Eichmann befaßt hat. Ich bin nicht zu dieser Reportage aufgefordert worden, ich habe mich selbst angeboten; der Fall Eichmann hat mehr mit mir zu tun, als ich es selber weiß: und diese Verbindung geht weiter als das thematische Verhältnis zu meinem anderen Werk, das ich geschrieben habe und noch schreiben werde: *mit* meinem Werk deutet sie auf etwas hin, das ich suche. Ich kann natürlich sagen: Eichmann ist mein Vater. Aber das ist langweilig, das sollen die anderen lieber sagen. Ich könnte auch sagen: Ich bin es selber. Aber das ist zu schön. Ich kann auch sagen: In dem Prozeß offenbart sich das Mysterium der Wirklichkeit. Aber das habe ich schon gesagt. An dieser Stelle möchte ich sagen: Er gehört zu den zwei oder drei Menschen, die mich verwandelt haben.

Er hat mich vor allem von vielem *geheilt:* von unverbindlicher Entrüstung zum Beispiel, doch auch von viel Sorglosigkeit. Außerdem hat er mir eine gewisse Wachsamkeit beigebracht, mir sind die Augen etwas weiter aufgegangen. Ich sehe sowohl ihn, mich selber als auch andere in grellerem Licht. Und das Merkwürdige dabei ist, daß die Konturen darin unschärfer geworden sind. Es gibt verschwommene Übergänge zwischen ihm und mir, den anderen und ihm, mir und den anderen, aber auch zwischen ihm und den Toten, den Toten und mir, den anderen und den Toten, Gleißen, Irrlichter ...

Hier fängt die Sprachlosigkeit an. Ich habe einmal das Wort 'Kernpsychologie' gebraucht, das ich hier wiederholen möchte.

Dieser Sprachvernichtung ist freilich schon längst eine Verwirrung vorangegangen, die gerade noch beschrieben werden kann. Ein Beispiel: Bei meinem ersten Israelaufenthalt kaufte ich eine Volksmusikplatte, die ich während des Schreibens meiner Artikel

Hunderte von Malen spielte. Die Folge davon ist, daß diese fröhliche israelische Musik für mich nicht nur 'der Prozeß' geworden ist, sondern auch 'Eichmann', 'Auschwitz', Vergasungen, Leichenberge, erschlagene Kinder, Völkermord. *Trotzdem ist es fröhliche israelische Musik geblieben.* Was soll ich nun mit der Ergriffenheit anfangen, die diese Platte immer noch in mir erweckt? Welcher Art ist sie? Diese Verwirrung ist größer, als sie je ein Hund von Pawlow durchmachen mußte, wenn ihm beim Hören einer Schelle der Speichel in seinem Maul zusammenlief. Was muß darum der Judenmord für Eichmann bedeuten? Gekuppelt an die Macht, den Status, die Uniform, das Auto mit Chauffeur, die Mätressen, den Schnaps, die Feste, und natürlich auch gekuppelt an schöne Dinge, die er sah, Städte, Budapest, Musik, die er hörte, seine Kinder – *natürlich* steigen ihm Tränen der Rührung und des Heimwehs in die Augen, wenn er an die Tage der Gaskeller zurückdenkt. Wie konnte jemand annehmen, daß er Entsetzen oder Reue beim Anhören der Zeugen zeigen würde: das war *die gute alte Zeit.* Auch Hausner wird einmal wehmütig an Eichmann zurückdenken, an die Tage des Prozesses – und dadurch mit unbarmherziger Konsequenz an den Greuel –, denn das war *seine* große Zeit. Und was schrieb Lagerkommandant Höß, als er von Auschwitz versetzt wurde? Er mußte sich *losreißen* – »gerade weil ich durch die Schwierigkeiten, die Mißstände, durch die vielen schweren Aufgaben mit Auschwitz verwachsen war.«

So ist der Mensch, und es ist nicht besonders übersichtlich. Es ist möglich, in ihm alles mit allem zu paaren. Völkermord mit Cocktailparties, Frauenmord mit Madonnenverehrung, Kindermord mit Kinderliebe. Außerhalb der *Regeln* der Moral gibt es nirgends eine moralische Wirklichkeit; sie existiert nicht in der »menschlichen Natur«. Die existiert auch nicht. Es ist sogar sinnlos, einfach 'Judenmord' zu sagen. Denn der eine erschaudert, der andere schmunzelt, der dritte wird gerührt, der vierte zuckt die Achseln. Bei jedem Menschen muß ich erst wissen, in welches 'Kraftfeld' das Wort fällt, in welche »menschliche Natur«. Zwei willkürliche Menschen unterscheiden sich mehr voneinander als Löwen und Läuse. An und für sich bedeutet kein einziges Wort etwas.

Jede Gesellschaft, jede Religion versucht durch eine Ethik ein allgemeingültiges Kraftfeld zu schaffen, mit der der Zoo zusammengehalten wird, – und in dem des Nationalsozialismus erhielt der Judenmord allmählich die Bedeutung 'Endlösung': etwas Beruhigendes, etwas, das Spannungen, Zweifel und Unsicherheiten aufhebt, etwas, das glücklich macht. (Eichmann war der Erfinder dieses Wortes.) Umgekehrt erhielt Endlösung nach 1945 die Bedeutung 'Massenmord', und das war daraufhin etwas Entsetzliches. Wie gern würde ich behaupten, daß jener schreckliche Klang des Wortes 'Massenmord' (der Klang *unserer* Wirklichkeit, die in diesem Fall durch Moshe Landaus Mund eine Stimme hat) etwas wie einer absoluten Seins-Wahrheit entspricht. Aber auf Grund wessen? Das ist nur auf Grund eines bestimmten *Glaubens* möglich, und dann nicht dem der Azteken, die Hunderttausende geopfert haben. Ich möchte sagen: wer nicht glauben kann, also auch nicht glauben kann, daß Massenmord in Wahrheit schrecklich ist, sollte das dann wenigstens glauben *wollen,* und zwar auf Grund von gar nichts.

Der Mensch ist keine Gegebenheit, sondern eine Möglichkeit – zu allem. Das ist natürlich auch seine Größe, aber die ist nicht unser Thema. Unser Thema ist die Kehrseite seiner Größe. Dadurch wird Eichmann nicht trotzdem wieder etwas Großes, kein 'Antichrist' oder Dschingis-Khan, sondern gerade das Gegenteil von 'groß': klein. Eichmann als *der kleinste Mensch,* – mit diesem Bild kommen wir ihm am nächsten. Und er konnte so klein sein, weil die Technik so groß war: die Eisenbahn, die Verwaltung, die Gaskammern, die Krematorien.

Dieser kleine Mensch mit seiner großen Technik ist derjenige, den wir bekämpfen. Seit der Erfindung der H-Bombe ist der Mensch noch kleiner geworden, – es sieht danach aus, daß in Kürze nichts mehr an ihm zu vernichten sein wird. Darin birgt sich die Schwierigkeit unseres Kampfes gegen Atomwaffen. Jene Technik sind wir selber, oder genauer: sie ist das, was wir eben *nicht* mehr sind, sie ist unser Manko, sie ist auf unsere Kosten groß. Wenn wir sie in ihren mörderischen Ausdrucksformen bekämpfen, so bekämpfen wir uns in erster Linie selbst (ein Auto und ein Fernsehgerät besitzen zu wollen und dann nicht bereit sein, den Strahlentod zu sterben, enthält einen Widerspruch) – und nicht C oder K, die hier oder dort zufällig am Knopf sitzen. Die Benutzung oder Nichtbenutzung dieses Knopfes hat nichts mit 'Politik' zu tun, nichts mit 'Gegensätzen' in der Welt, sondern bedient sich dieser nur als Vorwand. Wenn wir morgen alle

Kommunisten oder Großunternehmer werden, so hält die Drohung weiterhin unvermindert an – bis ans Ende der Zeiten. Und mein mathematisches Gefühl sagt mir, daß jede Möglichkeit eines Tages verwirklicht wird, sei es morgen, sei es in tausend Jahren: Auch Adam und Eva mußten, unter Berücksichtigung des unendlichen Zeitraums, mit mathematischer Sicherheit eines Tages vom Baum der Erkenntnis essen, – die Schlange war die Zeit. Das Essen vom Baum der Materie wird darum gleichfalls »das Ende der Zeiten« sein, das 'Jüngste Gericht', wie es Johannes auf Patmos genau bezeichnet und mit großem Talent geschildert hat. Die Weltstimmung weist, da wir uns dem Jahre 2000 nähern, verblüffende Übereinstimmung mit der Panik auf, die dem Jahre 1000 voranging.

Die kaum zu überschätzende *gute* Seite der Existenz der Atomwaffen ist indessen, daß wir von nun an – zum erstenmal seit dem Mittelalter – wieder mit dem Tod leben müssen. Das Tabu, das sechs Jahrhunderte lang den Tod umgeben hat, ist für immer aufgehoben worden: wie auf einem mittelalterlichen Holzschnitt ist er wieder ins tägliche Leben hineingetanzt, – und gerade darin liegt das Moment, von dem aus eine Regeneration des Menschen einsetzen kann. Aus dem Tabu des Todes sind die absoluten Waffen entstanden; dessen Aufhebung wird uns vielleicht wieder lehren, wer wir sind.

Ein Museum in Oswiecim

30. 9. 1961

Im Zug von Kraków nach Trzebinia, wo ich nach Oswiecim umsteigen muß, vertiefe ich mich nochmals in die Vorgeschichte von Auschwitz. Die Sonne rollt mit über Wälder, Bauernhöfe aus Holz, Hochspannungsleitungen. In den Dörfern winken Kinder. Dann und wann fährt ein endloser Güterzug vorbei.

Zum erstenmal wurden Juden und Gas 1924 in Zusammenhang gebracht, und zwar von Hitler selbst. Er schrieb in Bezug auf den ersten Weltkrieg in »Mein Kampf«, daß es gut gewesen wäre, »einmal zwölf- oder fünfzehntausend dieser hebräischen Volksverderber unter Giftgas zu halten«. Im Prozeß von Nürnberg fiel einundzwanzig Jahre später die Zahl fünf Millionen siebenhunderttausend. Als niedrigste mögliche Schätzung gilt die Zahl vier Millionen hundertvierundneunzigtausendzweihundert. In Auschwitz starb davon fast eine Million (neben vielen Hunderttausenden von Polen, Russen und Zigeunern).

Die ersten Vergasungen fanden seit 1939 in Deutschland selbst statt. In geheimen, weitabgelegenen Einrichtungen wurden bis 1941 ungefähr sechzigtausend in Papierhemden gesteckte Geisteskranke durch die Auspuffgase von Motoren getötet. Nach dem Protest der deutschen Kirchen gegen die Ermordung von Deutschen, seien es auch Irre, konnte die sogenannte »Gemeinnützige Stiftung für Anstaltspflege« ihre Arbeit nur noch mit Juden fortsetzen, was die Kirchen bis 1945 schweigend duldeten. Die folgende Etappe spielte sich hinter der Ostfront ab. In den Einsatzgruppen, die täglich Tausende von polnischen und russischen Juden erschießen mußten, waren unhaltbare Zustände eingetreten; die Anzahl der Selbstmorde unter der SS war beunruhigend hoch, viele wurden wahnsinnig, und alle anderen waren Alkoholiker geworden. Eichmann inspizierte die Massenhinrichtungen (einmal spritzte das Gehirn eines Säuglings auf seinen Mantel, erzählte er in Israel: auf seinen »feldgrau-olivgrünlichen Ledermantel, mit Bärenfell oder Lammfell gefüttert«) und meldete nach Berlin, daß die Methoden unmenschlich seien. Selbstverständlich für die SS. Etwas später konnte er die erste ambulante Gaskammer in Augenschein nehmen. Die Opfer wurden in den geschlossenen Laderaum eines Lastwagens gestopft, und während das Auto fuhr, wurden die Auspuffgase in den Laderaum geleitet. Bei der Ankunft am Massengrab waren alle tot. Eichmann setzte sich neben den Chauffeur und machte so eine Fahrt mit, weigerte sich aber (wie er sagt), durch das Rückfensterchen zu schauen. Auch diese Methode, meldete er, sei für die Truppen unerträglich. Der nächste Schritt wurde in den polnischen Vernichtungslagern Belzec, Sobibor und Treblinka unternommen. Dieselmotoren bliesen ihr Kohlenmonoxyd in niedrige Steingebäude. Manchmal mußten viele Hunderte von zusammengepferchten Menschen stundenlang auf ihren Tod warten, weil der Motor nicht ansprang.

Trzebinia, – umsteigen.

Am Bahnhofsbüfett trinke ich ein Glas Wodka und erblicke an einem Zug den Namen eines Städtchens in der Gegend, in dem mein Vater seine Jugend verbrachte. Kurz danach schaukele ich wieder durch die verlassene Landschaft, über jene Schienen, welche die Alliierten trotz des verzweifelten Drängens der jüdischen Anführer in Budapest, die sahen, wie Eichmann Hunderttausende zu den Bahnhöfen trieb, zu bombardieren sich weigerten.

Anfänglich wurde nur im Vernichtungslager Majdanek mit Vergasungen durch Zyklon B herumexperimentiert. Das Lager liegt unter dem Rauch von Lublin, nicht weit von der russischen Grenze entfernt; meine unselige Reise hat mich vor drei Tagen hingeführt. Es herrschte lustiger Betrieb. Pfeifende Arbeiter teerten die sich zur Seite neigenden hölzernen Wachtürme, rissen mulmige Baracken ab und errichteten an derselben Stelle nach den ursprünglichen deutschen Bauzeichnungen neue. Ein alter Feldwächter mit geschultertem Gewehr stand, einen Stumpen zwischen den Lippen, daneben und schaute zu. Gruppen von Touristen ließen sich vor der großen Scheune photographieren, in der sich fünf Gaskammern befanden. Drinnen war es überall gedrängt voll. In einer der Betonkammern stand eine Gruppe von Schülern. Einige betrachteten mit gerunzelter Stirn die schweigenden Wände; die meisten zupften sich kichernd gegenseitig an den Anzügen oder zeigten sich Spielautos. Einer steckte den Kopf durch ein großes Loch in der Wand. Auf der anderen Seite stand ein verrosteter Dieselmotor in einer überdachten Halle. Es hat auch keinen Sinn, das Zeugnis des Prinzen Christoph Radziwills, eines internierten polnischen Offiziers, zu verschweigen: »Ich werde niemals den Tag vergessen, an dem die Nazis 17 000 Juden in Majdanek vergasten, während ich mich in einem anderen Teil des Lagers befand. An jenem Abend haben viele meiner polnischen Mitgefangenen sich betrunken, um den Tag zu feiern. Es ist fürchterlich, aber wahr.« In einer zum Kinosaal umgebauten Baracke zeigte mir der Lagerverwalter Aufnahmen, die die Russen unmittelbar nach der Befreiung gemacht hatten. Noch mit dem Entsetzen in den Augen besichtige ich danach das Krematorium, dessen Wände mit den Namen von Besuchern vollgekritzelt sind. Der Betontisch, auf dem alle Öffnungen der Leichen nach verstecktem Geld, verborgenen Edelsteinen untersucht wurden. Die Wanne, in der einer der SS-Ärzte täglich ein Bad in von den Verbrennungsöfen erwärmtem Wasser nahm – um zu zeigen, daß er keine Angst habe. Hinter dem Krematorium lag der fast wieder versandete Graben, in dem manchmal zehntausend Menschen täglich mit Maschinengewehren erschossen wurden. Die meterhohe, meterbreite, Dutzende von Metern lange Pyramide aus Gebeinen und Asche, auf der geschnittenes Gras wuchs. Dort lag auch die kleine Lache der Kotzerei eines Kindes, das zu viele Bonbons gelutscht hatte.

Oswiecim.

Ein riesiges Bahngelände, bedeckt mit rangierenden Güterzügen, zischend dampfausstoßenden Lokomotiven, Waggons, die einsam über ein Nebengeleis rollen und mit einem Ruck halten. Das knirschende Dröhnen, das sich durch den ganzen Zug fortpflanzt, wenn die Lokomotive sich stampfend in Bewegung setzt. Der Rauch senkt sich, alles ist schwarz und feucht, vor der Sonne hängt grauer Dunst. Das Gebiet von Auschwitz wurde wegen seiner schlechten Abwässerung gewählt, es ist sehr sumpfig, seine neblige verunreinigte Luft fördert Seuchen.

Das Städtchen unterscheidet sich nicht von einer anderen polnischen Kleinstadt: still, arm, häßlich. Ein Taxi bringt mich zum

Lager, eine Fahrt von fünf Minuten. Bei einer Tankstelle stehen einige leere Omnibusse, zwischen Bäumen schimmern große, rostbraune Gebäude hindurch. Ein paar Buden verkaufen Bücher und Eßwaren. Wohnviertel erstrecken sich jetzt fast bis zum Lager; früher war das Gebiet kilometerweit geräumt und abgesperrt, über zehn Dörfer waren evakuiert worden.

Noch vor dem Eingang steht das Krematorium mit seinem hohen, viereckigen Schornstein; das erste, was der Gefangene sah. Drinnen ist wieder jeder Stein der Verbrennungsöfen mit Namen und Jahreszahlen beschmiert; auf einem der Eisenschlitten, auf dem die Leichen ins Feuer geschoben wurden, liegt ein frischer Blumenkranz. Eine Tür führt zu einem halb unterirdischen Betonraum von ungefähr vier bis fünfzehn Metern: ursprünglich die Leichenhalle, hier fand die zweite Vergasung von Auschwitz statt, ein Transport von neunhundert russischen Kriegsgefangenen. Höß sagt darüber: »... ich muß offen sagen, auf mich wirkte die Vergasung beruhigend, da ja in absehbarer Zeit mit der Massen-Vernichtung der Juden begonnen werden mußte, und noch war weder Eichmann noch mir die Art der Tötung dieser zu erwartenden Massen klar. Durch Gas sollte es wohl sein, aber wie und was für ein Gas? Nun hatten wir das Gas und auch den Vorgang entdeckt.«

Das Gas war das Insektenvertilgungsmittel Zyklon B, der 'Vorgang' bestand aus dem Leerschütten einiger grüner Dosen durch Löcher in der Decke. Das besorgten Desinfektoren des Gesundheitsdienstes, die mit Gasmasken auf dem Dach saßen (Eine Frage: Sind sie mehr oder weniger schuldig als Eichmann?). Vom Krematorium aus gehe ich durch die Gaskammer zum Ausgang: Eine schmale Treppe führt zwischen Pflanzen und Sträuchern empor, und ich stehe plötzlich vor einem morschen Galgen. Man kann es für ein SS-Instrument halten, aber an diesem Galgen hat nur ein einziger Mann sein Leben gelassen, das Gesicht dem Lager zugewandt: Rudolf Franz Höß. Kurz davor hatte er eingesehen, »daß die Judenvernichtung falsch, grundfalsch war ... Dem Antisemitismus war damit gar nicht gedient, im Gegenteil, das Judentum ist dadurch seinem Endziel viel näher gekommen.«

Der Eingang mit den schmiedeeisernen Worten ARBEIT MACHT FREI liegt an der Seite des Lagers. Wachtürme. Elektrisch geladener Stacheldraht an Isolatoren. In der Ferne pfeifen dauernd Züge. Das Lager ist kleiner, als ich dachte. Drei Reihen von je elf zweistöckigen Steingebäuden bilden ein friedliches, wenn auch ziemlich düsteres Dörfchen. Hier und da sind Spaziergänger. Ein Junge mit einem Mädchen; der Junge hat eine Ziehharmonika auf dem Rücken. In der großen Lagerküche wird wieder tüchtig gezimmert und restauriert. Von den hunderttausend Ermordeten ist keine Wirklichkeit zurückgeblieben. Der Kies knirscht friedlich. Verschwunden sind die verhungerten Sklavenarbeiter; verschwunden sind die 12 753 526 Reichsmark, die die I. G. Farben der Lagerleitung zahlte. Verschwunden sind die Hinrichtungen, die Appelle mit Leichen, während ein Tanzorchester spielte, die Hunde, die Knüppel, die medizinischen Experimente, die Injektionen. Block 20 ist ein Gebäude wie die anderen. Dennoch ermordete darin ein gewisser Stessel eigenhändig 10 000 Menschen durch Phenol-Einspritzungen in die Herzgegend. Wir kennen die Namen Ladru, Christie. Wer kennt Stessel? Wer kennt den Namen Pánszczyk? Er tötete eigenhändig 12 000 Personen. Wer kennt Rapportführer Gerhard Palitzsch? Er tötete eigenhändig 25 000 Menschen. »Palitzsch war die gerissenste und verschlagenste Kreatur, die ich während meiner langen, vielseitigen Dienstzeit bei den verschiedenen KL kennengelernt und erlebt habe«, schreibt Höß, und das will etwas heißen. Schließlich verübte er sogar nach deutschen Gesetzen ein Verbrechen: er beging 'Rassenschande' mit einer jüdischen Frau und wurde an die Ostfront strafversetzt, wo er gefallen sein soll.

Fünf Gebäude sind als Museum eingerichtet worden. Block 11 war das Lagergefängnis; in diesem Gefängnis im Gefängnis befand sich noch ein Gefängnis im Keller: der 'Bunker'. Tag und Nacht wurden dort Todesurteile vollstreckt, Menschen dermaßen ausgehungert, daß sie sich gegenseitig auffraßen, Menschen in zugemauerten 'Stehzellen', zu viert zusammengepfercht, damit sie erstickten oder wahnsinnig wurden. In den Kellergängen fand am 15. September 1941 nach einem Besuch Eichmanns die erste Vergasung statt: 600 verwundete russische Kriegsgefangene und 250 Patienten aus dem Krankenhaus von Auschwitz wurden dazu ausersehen. Aber am nächsten Morgen mußte eine neue Dose hineingeschüttet werden, weil viele noch lebten.

Die vier anderen Gebäude zeigen Hinterlassenes von Vergasten. Tausende von Waggons mit Eigentum der Toten rollten im Lauf der Jahre nach Deutschland. Zu Ehren des ermordeten Heydrich wurde dieses Unternehmen »Aktion Reinhard« genannt. Bei Kriegsende waren in Auschwitz noch dreißig volle Magazine vorhanden, die von der SS in Brand gesteckt wurden. Den Inhalt der sechs verschont gebliebenen kann man im Museum besichtigen. Eine drei Meter tiefe und zwanzig Meter lange Etalage voller Frauenhaar. Eine Etalage mit Männerschuhen. Eine andere mit Frauenschuhen. Mit Kinderschuhen. Mit Brillen. Mit Zahnbürsten. Mit Schuhcremedosen. Mit Töpfen. Mit Prothesen. Mit Kindernachtpötten. Mit Spielsachen. Alles von unbeschreiblicher Armut. Was wertvoll war, wurde abtransportiert. Stand der Beute am 30. Juni 1943: 261 589,75 Dollar, 18 766,64 Pengö, 236 105 Rubel, 25 671 Zehn-Rubel-Scheine, 2 460 Kronen, 222 918 Pfunde usw., usw. Außerdem 35 Waggons Pelzmäntel, 97 581 Kilo Goldmünzen, 6 640 Kilo Goldketten, 20 952 Kilo goldener Eheringe, 22 740 Kilo Perlen, 11 730 Kilo Goldzähne, 4 148 Kilo goldener Uhren usw. Diese äußerst einträgliche Industrie fand natürlich kaum in jenem kleinen Lager mit einer einzigen Gaskammer statt. Zwar wurden hier im Mutterlager Rot-Kreuz-Delegierte empfangen, die mit dem Bericht nach Schweden zurückkehrten, daß Auschwitz zwar eine schreckliche Stätte sei, daß jedoch die Gerüchte über Völkermord in Auschwitz aus der Luft gegriffen seien. Der fand nämlich an einem anderen sechs Kilometer entfernten Ort statt. Davon wußte niemand etwas.

An einer Bude außerhalb des Lagers esse ich Wurst, trinke Bier, fühle mich schuldig und mache mich auf den Weg nach Brzezinia, deutsch Birkenau, SS-Bezeichnung: Auschwitz II. Nach einer Viertelstunde nimmt mich ein Auto mit, in dem zwei Monteure, die Hände schwarz von Fett und Öl, sitzen. Sie sprechen nur polnisch, wollen mich aber hinbringen. Während wir davonsausen, setzen sie ihr Gespräch über die Schraube fort, die der eine in der Hand hat. Wir überqueren eine Eisenbahnbrücke; auf jener Brücke machte Himmler am 1. März 1941 eine Handbewegung in die Richtung, wo das Lager errichtet werden sollte, – das Lager der 'Endlösung'. Kurz danach fuhren Höß und Eichmann in die angewiesene Richtung, um den endgültigen Ort zu bestimmen.

Ich sehe den Ort.

Ein riesiges Eingangsgebäude mit einem Wachtturm über dem Tor, in dem Schienen verschwinden. Hunderte von Metern nach links und rechts: Stacheldraht. Die Monteure rasen hinein. Keine

Menschenseele ist zu erblicken. Soweit das Auge reicht: Holzbaracken, auch durch Stacheldraht voneinander getrennt. Links von den Schienen, die sich in drei Geleise aufspalten, sind die Baracken noch erhalten (das Frauenlager), rechts ist viel verbrannt, Schornsteine ragen nebeneinander empor. Sogar die Kühe der SS hatten die gleichen, allerdings mit Zementboden und Lüftung versehenen Baracken. Die Monteure fahren und fahren, wir kommen nicht an dieselbe Stelle zurück. Am anderen Ende des Lagers erblicke ich das im Nebel verschwimmende Tor. Es ist der einsamste Ort auf Erden, er läßt sich nur durch Schweigen beschreiben.

Etliche Dutzend Meter links und rechts von den Geleisen liegen die Ruinen der beiden von der SS in die Luft gesprengten Krematorien. Die Decken sind in die unterirdischen Gaskammern gestürzt. Sie sind groß wie Schwimmbäder. Aufzüge führen zu den Verbrennungsöfen. Ein Stück weiter liegen die Krematorien II und IV. Ihre Kapazität betrug sechzigtausend Menschen in vierundzwanzig Stunden. Wer arbeiten konnte, wurde auf dem Bahnsteig durch einen Wink abgesondert (gegen Eichmanns Willen: er wollte alle Juden unverzüglich vergast haben), bis er später doch wegen Aushungerung oder Krankheit vergast wurde. Kinder, alte Männer und Frauen wurden sofort vergast, dasselbe galt für Mütter von Kindern (um der SS Trennungsszenen zu ersparen) und für schwangere Frauen. Der Schornstein eines der Krematorien barst durch Überhitzung.

Zeugin Gisa Landau: »Als wir abends in Auschwitz ankamen, wurden wir nach Birkenau transportiert. Schon aus der Ferne sahen wir den Himmel brandrot. Daß Menschen so brennen würden, konnten wir uns nicht vorstellen, obwohl wir schon viel erlebt hatten. Aus den Schornsteinen kam kein Rauch, sondern Feuerregen. Die Leute fragten die Wächter, was dort so brenne, und diese antworteten, daß Tag und Nacht Brot gebacken werden müsse. Doch wir wußten, daß es das nicht sein konnte.«

Höß: »Ich erlebte auch, daß eine Frau aus der Kammer beim Zumachen ihre Kinder hinausschieben wollte und weinend rief: „Laßt doch wenigstens meine lieben Kinder am Leben." So gab es viele erschütternde Einzelszenen, die allen Anwesenden nahegingen.«

Zeugin Krystyna Zywulska: »Nun begann auch der Schornstein des Krematoriums No. IV gleich hinter unserer Baracke

Flammen zu speien. Gleichzeitig begann aus der Grube, die man für diese neue Methode – zwanzigtausend an einem Tag – gleich neben dem Krematorium gegraben hatte, Rauch aufzusteigen. Zuerst eine dünne, graue Rauchsäule, dann dicke Wolken, die schließlich den ganzen Himmel über diesen Teil des Lagers verhüllten. Der Wind trieb diese Wolken in unsere Richtung. Sie rochen nach brennendem Fleisch. So wie wenn man eine Gans im Ofen anbrät, nur wesentlich stärker. Ich konnte kaum atmen. Im selben Augenblick erklang ein Schrei aus tausend Kehlen. „Es kommt aus der Grube selbst", sagte Irene, „sie werden lebendig verbrannt".«

SS-Obersturmführer Prof. Dr. Johann Kremer (Arzt; in Freiheit): »6. September 1942. Heute Sonntag ausgezeichnetes Mittagessen: Tomatensuppe, ein halbes Huhn mit Kartoffeln und Rotkohl, Süßspeise und herrliches Vanilleeis. Abends um 8 Uhr wieder zur Sonderaktion draußen (= Auswahl auf dem Bahnsteig für die Gaskammern). – 23. September. Heute nacht bei der sechsten und siebenten Sonderaktion. Abends um 20 Uhr Abendessen. Es gab gebackenen Hecht, soviel jeder wünschte, echten Bohnenkaffee, ausgezeichnetes Bier und belegte Brötchen. – 8. November. Heute nacht bei zwei Sonderaktionen teilgenommen, bei regnerischem, trübem Herbstwetter. Abends gemütliches Zusammensein im Führerheim. Es gab bulgarischen Rotwein und kroatischen Zwetschgenschnaps.«

Zyklon B besteht aus hellblauen Körnchen Kiessand, getränkt mit einem Präparat, das in warmer, feuchter Umgebung Zyanwasserstoff ausscheidet. Darum wurden die Gaskammern gut geheizt (durch die Krematorien) und feucht gehalten (was automatisch durch das Wegspritzen des Blutes und der Exkremente der Opfer erfolgte). Nach einer Reise Hunderter und Aberhunderter von Kilometern in Viehwagen kamen die nackten Gefangenen, die glaubten, gebadet und entlaust zu werden, in eine angenehme Atmosphäre. Zyanwasserstoff unterbindet die Abgabe von Blutsauerstoff an das Zellgewebe; den Tod begleiten Angstzustände, Lähmungserscheinungen und Erbrechen. Freilich wurden nicht immer genügend Büchsen aufgemacht. Höß über den 'normalen' Verlauf: »Durch das Beobachtungsloch in der Tür konnte man sehen, daß die dem Einwurfschacht am nächsten Stehenden sofort tot umfielen. Man kann sagen, daß ungefähr ein Drittel sofort tot war. Die anderen fingen an zu taumeln, zu schreien und nach Luft zu ringen. Das Schreien ging aber bald in ein Röcheln über, und in wenigen Minuten lagen alle. Nach weiteren 20 Minuten regte sich keiner mehr. Schreiende, Ältere, Kranke, Schwächliche und Kinder fielen schneller als die Gesunden und Jüngeren.« Die Leichen lagen meistens bei den Türen, ineinander verkrampft, ihre Augen standen offen, und aus ihrer Nase rann Blut.«

Zyklon B wurde von den Firmen Degesch und Testa des I. G. Farbenkonzerns geliefert. 1943 lieferten sie 12 174,09 Kilo, bei denen sie einen Reingewinn von 127 985,79 Reichsmark erzielten. Die Krematorien wurden von der Firma J.A. Topf & Söhne, Wiesbaden, geliefert, die am 5. Januar 1953 in der Bundesrepublik das Patent, Nr. 861 731, erwarb für: »Verfahren und Vorrichtung zur Verbrennung von Leichen, Kadavern und Teilen davon«.

Und im weißen Nebel hängt die Sonne von Birkenau. In weiter Ferne pfeifen noch unaufhörlich Lokomotiven.